中国式现代化

沈传亮　主编

人民出版社

前　言

　　现代化是一个多领域、多层次、多阶段的历史进程。"从历史的角度看，现代化作为一个世界性的历史过程，是指人类社会从工业革命以来所经历的一场急剧变革，这一变革以工业化为推动力，导致传统的农业社会向现代工业社会的全球性大转变的过程，它使工业主义渗透到经济、政治、文化、思想各个领域，引起深刻的相应变化；狭义而言，现代化又不是一个自然的社会演变过程，它是落后国家采取高效率的途径（其中包括可利用的传统因素），通过有计划的经济技术改造和学习世界先进，带动广泛的社会变革，以迅速赶上先进工业国和适应现代世界环境的发展过程。"[①]

　　中国的现代化历程的肇始，源自古老的中国遭遇千年未有之大变局。鸦片战争以后，中国人民奋起反抗，仁人志士为实现富国强兵作出了很多努力，但诸多救国方案都以失败告终。

　　实现中国现代化的艰巨任务，历史性落在了中国共产党人肩上。100多年来，中国共产党一直致力于中国的革命和建设事业，

　　[①]　罗荣渠：《现代化新论——世界与中国的现代化进程》，北京大学出版社1993年版，第16—17页。

1

一直致力于推动中国走向现代化。经过长期努力，中国共产党人先后取得新民主主义革命、社会主义革命和建设、改革开放和社会主义现代化建设和新时代中国特色社会主义的伟大胜利，把中国的现代化事业推进到了新的历史高点。

从党的现代化理论演进看，中国共产党早在革命年代就提出工业化的设想。新中国成立后，中国共产党明确提出"四个现代化"。改革开放初期，邓小平提出"中国式的现代化"的概念，中国学界也在20世纪八九十年代兴起了研究现代化的热潮，出版了一批研究现代化的著作，包括翻译出版了一批国外研究者的相关著作。随着经济社会发展目标定位为"小康"，齐心协力奔小康成为主旋律，国内的现代化研究热潮才渐渐退去。

进入中国特色社会主义新时代，随着全面建成小康社会这个党的第一个百年奋斗目标的胜利完成，下一步向哪里奋斗成为全社会关注的热点话题。习近平总书记在党的十九届五中全会上首次对中国式现代化的中国特色作出了概括。经过党的二十大报告和习近平总书记2023年2月7日的重要讲话，中国式现代化理论基本成型。2023年3月15日，在中国共产党与世界政党高层对话会上的主旨讲话中，习近平总书记提出要携手同行现代化之路，并从要坚守人民至上理念，突出现代化方向的人民性；要秉持独立自主原则，探索现代化道路的多样性；要树立守正创新意识，保持现代化进程的持续性；要弘扬立己达人精神，增强现代化成果的普惠性；要保持奋发有为姿态，确保现代化领导的坚定性等五个方面阐发了现代化的内在规律和中国主张。2023年4月21日，习近平总书记在向上海"世界会客厅"举办的"中国式现代化与世界"蓝厅论坛致贺信中指出，实现现代化是近代以来中国人民的不懈追求，也是世界各国人民的共同追求。一个国家走向现代化，既要遵循现代化的一般规律，更要符合本国实际、具有本国特色。中国共产党团结带领全国各族人民，经过长期艰辛探索找到了符合中国国情的发展道路，正在以中国式现代化全面推进强国建设、民族复兴。中方愿同各国一道，努力以中国式现代化新成就为世界发展提供新机遇，为人类探索现代化道路和更好社会制度提供新助力，推动构建人类命运共同体。这是对中国式现代化理论的进一步丰富和发展。

全面建设社会主义现代化国家，在党的二十大后已成为时代强音。"什么是中国式现代化、如何建设中国式现代化"，也成为国内高度关注的热点话题。本书着重从中国式现代化的领导力量、历史进程、中国特色、本质要求、重大原则、战略安排，为建设中国式现代化要处理好若干重大关系、必须进行伟大斗争，以及中国式现代化创造了人类文明新形态等九个方面进行了简要分析，力图为广大读者更准确地认识和把握中国式现代化的路线图时间表、读懂中国式现代化提供力所能及的帮助。

新时代是充满光荣和梦想的征程。我们坚信，已经赢得了伟大胜利和荣光的中国共产党和中国人民，必将在新时代新征程上如期全面建成社会主义现代化强国，赢得更加伟大的胜利和荣光。

目　录

第 一 章

始终坚持党对中国式现代化的领导

    2022 年 10 月召开的党的二十大明确指出："中国式现代化，是中国共产党领导的社会主义现代化"，并把"坚持中国共产党领导"作为中国式现代化的首要的本质要求，把"坚持和加强党的全面领导"作为中国式现代化的第一条重大原则。2023 年 2 月 7 日，在新进中央委员会的委员、候补委员和省部级主要领导干部学习贯彻习近平新时代中国特色社会主义思想和党的二十大精神研讨班开班式上，习近平总书记深入阐释了党在中国式现代化建设中的领导地位，深刻指出"党的领导直接关系中国式现代化的根本方向、前途命运、最终成败"。① 中国共产党是中国式现代化的领导力量，也是中国式现代化沿着中国特色社会主义道路继往开来、赓续前进的根本支撑，更是新时代中国式现代化创新发展、实现第二个百年奋斗目标的坚强保证。坚持中国共产党领导，是中国式现代化最鲜明的特征和最突出的优势，也是推进中国式现代化必须坚持的最高原则。

---

    ① 《习近平在学习贯彻党的二十大精神研讨班开班式上发表重要讲话强调　正确理解和大力推进中国式现代化》，《人民日报》2023 年 2 月 8 日。

一、决定中国式现代化的根本性质

中国式现代化是社会主义制度条件下的现代化，社会主义制度决定了中国式现代化的基本性质和根本走向。中国共产党的领导是中国特色社会主义最本质的特征，是中国特色社会主义制度的最大优势。只有坚持党的领导，才能确保中国式现代化的社会主义性质。

（一）中国式现代化是党领导人民长期探索和实践的重大成果。中国式现代化是中国共产党领导、开创、推动的现代化，是党领导人民坚持走自己的路的伟大创造。近代以来，实现中华民族伟大复兴和中国的现代化，是中国人民矢志不渝的梦想和追求。但在中国共产党诞生以前，没有任何政治力量能够承担起这一历史使命。中国共产党的成立，解决了现代化事业的领导力量问题，为现代化指明了建设发展的正确方向、制定了不同阶段的奋斗目标、开辟了符合实际的前进道路。100多年来，我们党团结带领中国人民，浴血奋战、百折不挠，创造了新民主主义革命的伟大成就；自力更生、发愤图强，创造了社会主义革命和建设的伟大成就；解放思想、锐意进取，创造了改革开放和社会主义现代化建设的伟大成就。特别是党的十八大以来，以习近平同志为核心的党中央团结带领全国各族人民，自信自强、守正创新，创造了新时代中国特色社会主义的伟大成就，为实现中华民族伟大复兴提供了更为完善的制度保证、更为坚实的物质基础、更为主动的精神力量。在长期探索和实践基础上，经过党的十八大以来在理论和实践上的创新突破，我们党成功推进和拓展了中国式现代化，使中华民族迎来了从站起来、富起来到强起来的伟大飞跃，实现了从"赶上时代"到"引领时代"的伟大跨越。历史充分证明，没有中国共产党，就没有中华民族伟大复兴，就不可能实现中国的现代化。中国共产党领导是以中国式现代化全面推进中华民族伟大复兴的根本保证。

（二）党的性质宗旨决定了中国式现代化是社会主义现代化。中国共产党是马克思主义政党，党的最高理想和最终目标是实现共产主义，党为之奋斗的事业是社会主义事业。我们党始终高举中国特色社会主义伟大旗帜，既坚持科学社会主义基本原则，又不断赋予其鲜明的中国特色和时代内涵，坚定不移地走中国特色社会主义道路，确保中国式现代化在正确的轨道上顺利推进。中国的现代化只能是社会主义的现代化，而绝不能是别的什么现代化。实现现代化首先有一个走什么路、选择什么样的制度模式和价值体系的问题。我们党领导人民探索和开创中国式现代化的过程，就是成功开创、坚持和发展中国特色社会主义的过程。实践证明，中国特色社会主义是实现社会主义现代化的必由之路。我们讲中国式现代化，这个"中国式"从根本上讲就是基于中国特色社会主义而形成的。离开了中国特色社会主义，中国式现代化就既不可能成功开创，也不可能继续向前推进。因此，中国特色社会主义体现了中国式现代化质的规定性，既反映在党的领导这个根本要求上，也反映在全体人民共同富裕、物质文明和精神文明相协调、人与自然和谐共生、走和平发展道路等中国式现代化的重要特征上。正是在这个意义上，中国式现代化开创了不同于西方资本主义现代化的全新路径，打破了"现代化＝西方化"的迷思，为广大发展中国家探索现代化道路提供了全新选择。在中国共产党领导下，我们仅用几十年时间就走完了发达国家几百年走过的工业化历程，实现了跨越式发展，成为世界第二大经济体。党的十八大以来，我们党立足新发展阶段、贯彻新发展理念、构建新发展格局、推动高质量发展，赋予中国式现代化一系列新的特征。组织实施了人类历史上规模空前、力度最大、惠及人口最多的脱贫攻坚战，全面消除绝对贫困，如期全面建成小康社会。积极推进以人为核心的新型城镇化，顺利实现1亿非户籍人口在城市落户目标，常住人口城镇化率达到64.7%。推动实现更加充分、更高质量的就业，建成世界上规模最大的教育体系、社会保障体系、医疗卫生体系，在幼有所育、学有所教、劳有所得、病有所医、老有所养、住有所居、弱有所扶上不断取得新进展。14亿多人口的东方大国在中国共产党的领导下走出了中国式现代化道路，创造了人类文明新形态。如果我们搞的现代化不是中国共产党领导的社会主义现代化，不是中国式现代化，而是西方化或者全盘西化，我们的现代化建设就没有今天这样的好局面，更谈不上有什么更好的未来了。①

（三）党的理论创新成果为中国式现代化提供科学指引。中国共产党坚持把马克思主义作为根本指导思想，不断深化对共产党执政规律、社会主义建设规律、人类社会发展规律的认识，不断开辟

---

① 本书编写组：《党的二十大报告学习辅导百问》，党建读物出版社2022年版，第34页。

马克思主义中国化时代化新境界，为中国式现代化提供科学指引。近代以来，在其他政党无力领导国家走向现代化时，中国共产党历史性地成为中国现代化的核心领导力量。中国共产党自创立那天起，就以复兴中华民族为己任，始终把实现现代化作为自己的奋斗目标。如何领导中国走向现代化？近一个世纪的历史表明，中国共产党是一个极富创造力的政党。中国共产党从成立起就把实现国家的独立和富强作为自己的奋斗目标，对于现代化道路的探索贯穿其全部的历史进程中。纵观中国共产党领导的现代化历史，其中一切成败得失都与其理论创新分不开，理论创新的结果决定着中国现代化的前途和命运。在现代化道路的探索上，中国经历了一个长期模仿、学习西方资本主义的过程。从洋务运动到辛亥革命，再到新文化运动，清晰展现了中国人探索资本主义现代化道路的历程。1917年俄国十月社会主义革命的胜利为苦苦向西方寻找真理的中国人确立了一个新的范式。以俄为师，走俄国人的道路成为新的历史选择。1921年，中国共产党诞生了。这标志着中国的现代化范式开始转换。党领导人民进行反帝反封建的民族民主革命，经过28年的革命斗争，终于推翻了帝国主义对中国的压迫和封建主义的统治，为中国实现现代化创造了重要的前提条件。

1949年中华人民共和国的成立标志着中国现代化进入了一个新的时期。但在这新的历史时期，起初中国现代化建设照搬了苏联模式。针对苏联模式的弊端和苏共二十大的教训，毛泽东在1956年到1957年进行了大量的理论研究，先后发表了《论十大关系》《论无产阶级专政的历史经验》《再论无产阶级专政的历史经验》《关于正确处理人民内部矛盾的问题》等一系列重要著作。这是毛泽东为冲破苏联模式的束缚，探索适合中国国情的社会主义现代化道路所付出的努力。经过学习西方模式的痛苦经历和照搬苏联模式所走的弯路之后，中国共产党人才逐渐把握了现代化的脉搏。在改革开放历史新时期，邓小平总结国内外现代化的经验，在对待商品和市场、社会主义与资本主义的关系等问题上，突破了长期困扰和束缚人们的传统观念，逐步找到了符合中国国情的现代化之路——中国特色社会主义现代化道路。这一时期，中国共产党现代化理论创新的突出标志就是把对内改革和对外开放作为推进中国现代化的动力。此后的现代化理论创新都是由此而展开，其标志是：提出了社会主义初级阶段理论，提出了现代化"三步走"发展战略。社会主义初级阶段理论成为我们党认识和解决中国现代化问题的一把钥匙，由此开启了我们进行理论创新的广阔视野。依据中国正处于社会主义初级阶段的基本国情，中国共产党提出了以"以经济建设为中心，坚持四项基本原则，坚持改革开放"为核心内容的基本路线。这个基本路线成了中国特色社会主义现代化战略的重要支撑。

1992年党的十四大报告从中国的发展道路、发展阶段、根本任务、发展动力、外部条件、政治保证、战略步骤、领导力量和依靠力量、祖国统一这九个方面，第一次比较系统地回答了中国这样的经济文化比较落后的国家如何建设、巩固和发展社会主义的问题。这也是党对改革开放以来探索中国特色社会主义现代化道路的一个理论总结。党的十四大后，中国共产党对中国特色社会主义现代化理论体系中的几个主体部分的内容继续进行深化，即在推进现代化的政治保证、建设社会主义市场经济体制、社会主义民主政治、建设社会主义先进文化等方面增添了新内容，取得了突破性进展。党的十五大提出了邓小平理论这一科学概念，并进一步发展了邓小平关于社会主义初级阶段的论断，提出社会主义初级阶段的基本纲领，为世纪之交的中国现代化发展指明了方向。

党的十五大以后，中国共产党通过与时俱进的探索，在民主政治建设、经济体制改革、新农村建设等方面都丰富了新的重要内容，特别是对于建设什么样的党和如何建设党的问题，以"三个代表"重要思想的提出为标志，取得了重大理论创新成果。党的十六大又提出了全面建设小康社会的现代化发展目标，形成了集社会主义政治文明、物质文明、精神文明于一体的现代化发展蓝图。在理论上最直接、最全面、最系统地展示了中国特色社会主义现代化的发展模式，这也标志着中国共产党人已经成功地开辟出一条独具特色的现代化发展道路。党的十七大后，随着社会主义现代化实践的继续发展，通过对实践中出现的新情况、新问题的解答，现代化理论创新又有了新的推进，这主要体现在提出了科学发展观，深化了党对社会主义建设规律和人类社会发展规律的认识，科学地回答了为谁发展、依靠谁发展以及怎样发展的关键问题。到党的十八大时，构建起了经济建设、政治建设、文化建设、社会建设和生态文明建设"五位一体"的中国特色社会主义建设的总体布局。特别是党的十八届三中全会，明确了中国全面深化改革总目标是完善和发展中国特色社会主义制度，推进国家治理体系和治理能力现代化，并提出了实现国家治理能力现代化的一系列措施、途径，大大丰富和完善了中国特色社会主义现代化理论。从党的十八大到党的二十大，以习近平同志为核心的党中央科学总结我国现代化建设的理论与实践，对中国式现代化发展进行了系统性战略谋划，开辟了中国式现代化发展新境界，也使中国式现代化理论更加系统、更加成熟。

总之，中国现代化的发展过程就是中国共产党现代化理论创新的过程，理论创新是中国现代化持续发展的保证。

（四）党领导下建立的中国特色社会主义制度为中国式现代化稳步前行提供坚强制度保证。习近平总书记指出："历史和现实都表明，制度稳则国家稳，制度强则国家强。"[1] 我们党坚持和完善中国特色社会主义制度，不断推进国家治理体系和治理能力现代化，形成包括中国特色社会主义根本制度、基本制度、重要制度等在内的一整套制度体系，为中国式现代化稳步前行提供坚强制度保证。中国特色社会主义进入新时代，经过 10 年的接续奋斗，党和国家事业取得历史性成就、发生历史性变革，我国发展站在了新的更高的历史起点上。通过全面深化改革，各领域基础性制度框架基本确立，许多领域实现历史性变革、系统性重塑、整体性重构，党的领导、人民当家作主、依法治国有机统一的制度建设全面加强，中国特色社会主义制度更加成熟更加定型。全党思想更加统一，"两个确立"、"两个维护"成为全党共同遵循。党的领导方式更加科学，党的领导制度体系更加完善，党的政治领导力、思想引领力、群众

---

① 《习近平谈治国理政》第四卷，外文出版社 2022 年版，第 251 页。

组织力、社会号召力显著增强。社会主义民主政治制度化、规范化、程序化全面推进，人民依法享有和行使民主权利的内容更加丰富、渠道更加便捷、形式更加多样，程序合理、环节完整的协商民主体系更加完备，最广泛的爱国统一战线不断巩固和发展，民族区域自治制度更加完善，基层群众自治制度充满活力。法治国家、法治政府、法治社会建设一体推进，国家治理体系和治理能力现代化水平明显提高，为全面建设社会主义现代化国家提供了坚强制度保证。

（五）党坚持和发展中国特色社会主义文化为中国式现代化提供强大精神力量。物质富足、精神富有是社会主义现代化的根本要求。物质贫困不是社会主义，精神贫乏也不是社会主义。中国特色社会主义是全面发展、全面进步的伟大事业，没有社会主义文化繁荣兴盛，就没有社会主义现代化。西方早期的现代化，一边是财富的积累，一边是信仰缺失、物欲横流。今天，一些西方国家日渐陷入困境，一个重要原因就是无法遏制资本贪婪的本性，无法解决物质主义膨胀、精神贫乏等痼疾。中国式现代化既要物质财富极大丰富，也要精神财富极大丰富、在思想文化上自信自强。我们党始终坚持"两手抓、两手硬"，促进物质文明和精神文明相互协调、相互促进，让全体人民始终拥有团结奋斗的思想基础、开拓进取的主动精神、健康向上的价值追求。我们党顺应人民日益增长的精神文化需求，建设具有强大凝聚力和引领力的社会主义意识形态，坚持用习近平新时代中国特色社会主义思想武装全党、教育人民，进一步巩固马克思主义在意识形态领域的指导地位，巩固全党全国各族人民团结奋斗的共同思想基础；加强理想信念教育和"四史"宣传教育，培育和弘扬社会主义核心价值观，发展社会主义先进文化，推出更多优秀文艺作品，不断丰富人民精神世界，提高全社会文明程度，促进人的全面发展。我们广泛践行社会主义核心价值观，加强爱国主义、集体主义、社会主义教育，提高全社会文明程度，在全社会形成了与社会主义现代化相适应的理想信念、道德观念、精神风貌。我们把文化建设作为全面建成社会主义现代化强国的重要内容和重要支撑，自觉担负起新的文化使命，大力推动社会主义文化强国建设，为实现第二个百年奋斗目标提供了思想保证、舆论支持、精神动力和文化条件。

总之，只有毫不动摇坚持党的领导，中国式现代化才能前景光明、繁荣兴盛；否则，中国式现代化就会偏离航向、丧失灵魂，甚至犯颠覆性错误。

二、确保中国式现代化锚定奋斗目标行稳致远

中国共产党团结带领人民进行的一切奋斗，是为了把我国建设成为社会主义现代化强国，实现中华民族伟大复兴。不管形势如何变化，不管遇到什么样的惊涛骇浪，我们党都始终把握历史主动、锚定奋斗目标，沿着正确方向坚定前行，一代一代地接力推进，取得了举世瞩目、彪炳史册的辉煌业绩。实践已经并将继续证明：党的领导确保中国式现代化锚定奋斗目标行稳致远。

（一）建设社会主义现代化国家是我们党一以贯之的奋斗目标。建设现代化强国，是近代以来中国人的梦想。新中国的成立，社会主义制度的建立，为实现社会主义现代化提供了根本社会条件、政治前提和制度基础。我们党始终将实现社会主义现代化作为战略目标，咬定青山不放松，进行了艰辛探索，作出了不懈努力。20 世纪五六十年代，我们党明确要"把我国建设成为一个强大的社会主义国家"，并提出基本实现"四个现代化"的两步走战略。改革开放之后，党根据国际环境变化和我国发展实际，对推进社会主义现代化建设作出战略安排，提出"三步走"发展战略，就是到 20 世纪 80 年代末解决人民温饱问题，到 20 世纪末使人民生活达到小康水平，到 21 世纪中叶基本实现现代化。进入新世纪新阶段，在现代化建设的前两步战略目标实现之后，党又提出在 21 世纪头 20 年全面建设惠及十几亿人口的更高水平的小康社会目标。党的十八大以来，中国特色社会主义进入新时代，党发出了向"两个一百年"奋斗目标进军的时代号召，明确提出在中国共产党成立 100 年时全面建成小康社会，在新中国成立 100 年时建成富强民主文明和谐的社会主义现代化国家。党的十九大报告对实现第二个百年奋斗目标作出分两个阶段推进的战略安排，明确提出到 2035 年基本实现社会主义现代化，到本世纪中叶把我国建成富强民主文明和谐美丽的社会主义现代化强国。这个战略安排，把基本实现现代化的时间比原先提前了 15 年，首次提出"全面建成社会主义现代化强国"概念，战略目标上增加了"美丽"这一代表生态文明的内容，使现代化的内涵更加全面，并与"五位一体"总体布局相对应。在全面建成小康社会、实现第一个百年奋斗目标的基础上，党的二十大报告对全面建成社会主义现代化强国两步走战略安排进行宏观展望，细化了实现第二个百年奋斗目标的步骤和路径。回顾我国现代化建设的历程，我们党坚持一张蓝图绘到底，对建设社会主义现代化国家战略目标，在认识上不断深化，在内涵上不断丰富拓展，在战略安排上层层递进，推动现代化建设的蓝图一步一步变为现实。

（二）党的二十大科学描绘了全面建成社会主义现代化强国的宏伟蓝图。在现代化推进的不同阶段，中国共产党作为国家的最高政治领导力量，对涉及国家发展的总体战略以及政治、经济、社会、文化、军事和外交等各个重大领域的发展建设进行方向引领、目标定位、战略规划和实施保障，成为国家发展的关键因素。在总结改革开放和新时代实践成就和经验基础上，党的二十大更加清晰擘画了到 2035 年我国发展的目标要求，科学描绘了全面建成社会主义现代化强国、全面推进中华民族伟大复兴的宏伟蓝图。党的二十大报告提出，全面建成社会主义现代化强国，总的战略安排是分两步走：从二〇二〇年到二〇三五年基本实现社会主义现代化；从二〇三五年到本世纪中叶把我国建成富强民主文明和谐美丽的社会主义现代化强国。这一战略安排，明确了全面建成社会主义现代化强国的时间表、路线图，展现了中华民族伟大复兴的壮丽前景，令人鼓舞、催人奋进。全面建成社会主义现代化强国两步走战略安排，具有坚实的基础、科学的依据、可靠的保障，是完全有把握实现的。全面建成小康社会、实现第一个百年奋斗目标，为开启全面建设社会主义现代化国家新征程奠定了坚实基础。尽管当前国内外形势复杂严峻，但我国制度优势显著，物质基础雄厚，人力资源丰富，创新能力提升，市场空间广阔，发展韧性强劲，社会大局稳定，支撑经济长期稳定发展的内在动因没有也不会改变。特别是我们有以习近平同志为核心的党中央的坚强领导，有习近平新时代中国特色社会主义思想的科学指导，一定能战胜各种风险挑战，不断夺取社会主义现代化建设的新胜利。

党的二十大报告提出，在基本实现现代化的基础上，我们要继续奋斗，到本世纪中叶，把我国建设成为综合国力和国际影响力领先的社会主义现代化强国。到那时，我国物质文明、政治文明、精神文明、社会文明、生态文明将全面提升，统筹推进"五位一体"总体布局将取得标志性成果。在经济建设方面，全面形成高质量发展模式和高水平的现代化经济体系，国家创新能力、社会生产力水平和核心竞争力名列世界前茅，成为全球主要科学中心、创新高地和重大科技成果主要输出地。在政治建设方面，全面实现国家治理体系和治理能力现代化，中国特色社会主义制度更加巩固、优越性充分发挥，全面建成法治国家、法治政府、法治社会，充分实现全过程人民民主，社会主义民主政治更加成熟完善。在文化建设方面，在全社会形成与社会主义现代化强国相适应的理想信念、价值理念、道德观念和精神风貌，全民族文化创新创造活力充分释放，公民文明素质和社会文明程度显著提高，中国精神、中国价值、中国力量在全球更加彰显。在社会建设方面，全体人民共同富裕基本实现，全社会实现高质量的充分就业，收入分配的公平程度排在世界前列，城乡居民将普遍拥有较高的收入、富裕的生活、健全的基本公共服务，社会充满活力而又规范有序。在生态文明建设方面，美丽中国全面建成，天蓝、地绿、水净、山青的优美生态环境成为普遍形态，实现人与自然和谐共生的现代化，成为全球生态环境保护领先的国家。到那时，具有5000多年文明历史的中华民族将焕发出前所未有的生机活力，将以更加昂扬的姿态屹立于世界民族之林。全面建成这样的社会主义现代化强国，不仅更好造福中国人民，也更好造福世界各国人民，将充分彰显中国共产党胸怀天下、立己达人，为世界谋大同、为人类创未来的不懈追求和责任担当。

三、激发建设中国式现代化的强劲动力

中国式现代化是前无古人的开创性事业，需要我们探索创新。我们党始终勇于改革创新，不断破除各方面体制机制弊端，为中国式现代化注入了强劲动力。

（一）改革开放是决定中国式现代化成败的关键一招。改革开放是决定当代中国命运的关键一招，也是决定中国式现代化成败的关键一招。中国特色社会主义是改革开放最为重要的理论和实践结晶。改革开放、社会主义现代化建设、中国特色社会主义，在内涵上是高度一致的。西方发达国家先一步完成了现代化，但都是资本主义的现代化；另外一些国家经历过某种意义的"改革"或"开放"的历史阶段，但并未走上发展通途；还有一些国家因为内外各种因素和压力没有实行改革开放，而不得不固守传统体制，影响到了经

济发展与社会进步。只有中国共产党在改革开放后开创了中国特色社会主义，把社会主义、现代化、改革开放紧密联系在一起，这是一个伟大创造。改革开放之所以被称为"关键一招"，根本在于它系统纠正了"以阶级斗争为纲"，确立了"一个中心、两个基本点"，把党和国家工作中心转移到经济建设上来，实行对内改革、对外开放，建设中国特色社会主义。中国特色社会主义现代化事业之所以具有蓬勃的生命力，就在于它是实行改革开放的社会主义现代化。没有改革开放，也就没有中国特色社会主义现代化事业。开创、坚持、捍卫、发展中国特色社会主义现代化事业，需要一代又一代中国共产党人接续奋斗。过去40多年，中国成功实现从封闭半封闭到全方位开放的历史性转折，建立了开放型经济体制，创造了世界发展史的奇迹。世界银行数据显示，1978年美国GDP约为中国的15.7倍，人均GDP是中国的68倍；到2020年，美国GDP仅为中国的1.4倍，人均GDP为中国的6倍。中国的改革开放也深刻影响着世界。作为世界第一大货物贸易国，中国成为吸引外资最多的发展中国家，也成为全球对外投资大国。2016年以来，中国连续多年对世界经济增长贡献率超过30%，成为全球经济增长的主要贡献者。①改革开放40多年来，中国以处理好政府与市场关系为重点，建立并完善社会主义市场经济体制，为中国创造了经济发展的动力，实现了走向经济现代化的历史性跨越，这是人类发展史上独特而又重大的创举。当前，中国正向着全面建成社会主义现代化

① 迟福林：《决定当代中国前途命运的关键一招——学习领悟党的十九届六中全会精神》，《人民论坛》2022年第1期。

强国的第二个百年奋斗目标迈进，中国式现代化建设进入了关键时期，我们仍要继续发挥改革开放的关键作用。

（二）改革开放为中国式现代化注入不竭动力源泉。党的十一届三中全会开启了改革开放和社会主义现代化建设的新时期，我们党团结带领全国各族人民以一往无前的进取精神和波澜壮阔的创新实践，坚持改革改革再改革、开放开放再开放，我国创造了世所罕见的经济快速发展和社会长期稳定两大奇迹。党的十八大以来，以习近平同志为核心的党中央高举改革开放伟大旗帜，坚持改革正确方向，开创了我国改革开放新局面，党和国家事业发生了全方位、开创性、深层次、根本性变革，全面深化改革已经成为当代中国最鲜明的特色，扩大对外开放已经成为当代中国最鲜明的标识。改革开放是当代中国发展进步的活力之源，是决定当代中国命运的关键一招。我国40多年来的高速发展雄辩地证明：改革开放是强国之路。没有改革开放，就没有欣欣向荣的中国经济社会发展，更谈不上"两个一百年"奋斗目标和中国梦的实现。只有持续扩大改革开放，才能实现高质量发展，占据国际竞争制高点，为到本世纪中叶把我国建成社会主义现代化强国注入不竭动力。党的十八大以来，我们党以巨大的政治勇气全面深化改革，突出问题导向，敢于突进深水区，敢于啃硬骨头，敢于涉险滩，敢于面对新矛盾新挑战，冲破思想观念束缚，突破利益固化藩篱，坚决破除各方面体制机制弊端，改革由局部探索、破冰突围到系统集成、全面深化，许多领域实现历史性变革、系统性重塑、整体性重构，为中国式现代化注入了不竭动力源泉。实现中国式现代化的过程中，必然会面临诸多以前没有出现过的新问题新矛盾，要解决一系列发展中遇到的难题。站在新的历史起点上，实现新目标、直面新挑战、解决新问题，更加需要我们坚定以改革开路破题的意志，坚决用好改革这个关键一招，不断为高质量发展注入新动力、激发新活力。要坚持社会主义市场经济改革方向，加强改革系统集成、协同增效，巩固和深化解决体制性障碍、机制性梗阻方面的改革成果，在重要领域和关键环节取得新突破。党的二十大把"改革开放迈出新步伐，国家治理体系和治理能力现代化深入推进"作为未来5年的主要目标任务之一，明确了深化改革开放的任务书和路线图。我们必须围绕坚持和完善中国特色社会主义制度，推进国家治理体系和治理能力现代化，以更大的勇气、更有力的举措推动更深层次改革，推进高水平对外开放，形成更大范围、更宽领域、更深层次对外开放格局。尤其是围绕构建高水平社会主义市场经济体制，坚持和完善社会主义基本经济制度，充分发挥市场在资源配置中的决定性作用，更好发挥政府作用，以深化改革激发发展力。

四、凝聚建设中国式现代化的磅礴力量

团结就是力量，团结才能胜利。全面建设社会主义现代化国家，必须坚定不移坚持和加强党的全面领导，把党的领导落实到党和国家事业各领域各方面各环节，使党始终成为风雨来袭时全体人

民最可靠的主心骨；必须充分发挥亿万人民的创造伟力，集聚起万众一心、共克时艰的磅礴力量。

（一）人民的智慧和力量是推动中国式现代化不断向前发展的根本力量。人民是历史的创造者，是决定党和国家前途命运的根本力量。在革命、建设、改革的伟大历史进程中，我们党紧紧依靠人民跨过了一道又一道沟坎、取得了一个又一个胜利。无论遇到任何困难和挑战，只要有人民的支持和参与，党就能够一往无前、无往不胜。时代是出卷人，我们是答卷人，人民是阅卷人。中国式现代化是亿万人民自己的事业，人民是中国式现代化的主体，必须紧紧依靠人民，尊重人民创造精神，汇集全体人民的智慧和力量，才能推动中国式现代化不断向前发展。党的二十大报告强调："我们要站稳人民立场、把握人民愿望、尊重人民创造、集中人民智慧"。[①]在全面建设社会主义现代化国家新征程中，我们要注重调查研究，甘当人民的小学生。我们的理论、方针、政策都要从群众中来到群众中去，充分发挥其强大的影响力、号召力，发挥其汇聚人民力量的强大动员力。

这方面，我们有很多成功的实践。"十一届三中全会的最大功绩在哪里？就是在改革问题上听从农民的意见。农民希望做什么就尊重他的意愿。农业承包制出现了，这是在农村中最大的变化。从这个时候开始，农民的积极性增加了，除了种田，还养猪、养鸡、养鸭了，农贸市场一天比一天丰富了。粮票、肉票、棉花票，各种

---

① 《党的二十大报告辅导读本》，人民出版社 2022 年版，第 17 页。

票证逐渐地消失，证明改革是有效的。此外更重要的方面是，农村劳动力增多了，开始投入乡镇企业。办乡镇企业的资金最初是农民自己筹划的。没有技术人员，就到城里去聘用已经退了休的工人。当时最时髦的方向是建筑材料，要发展经济，各地都想先修房子。乡镇企业提供了各种各样的建筑材料，从砖瓦到各式设备乃至一些小五金。乡镇企业发展起来了，农村人的生活也渐渐好转。到80年代初，出现了一个很时髦的事情，大家开始去挤火车、挤公共汽车、挤轮船，穿着西装的农民推销员也出现了。就这样，乡镇企业市场慢慢也起来了，农民有了自己投资的地方，经济就开始发生变化了。在计划经济之外，一个竞争性的市场产生了。光有承包制不够，光有乡镇企业不够，必须有乡镇企业市场，这就是在计划市场之外多了一个东西，中国改革走上了一条新路。这些还不够，还在靠近香港的深圳设立了经济特区。在经济特区里完全按照市场规则运行，香港在这里投资，深圳以极快的速度发展起来。总之，中国的经济变了，三个大变化开始了：第一个变化，农业承包制。农业承包制提供了许许多多的农贸市场的产品，人们的票证取消了，生活改善了。第二个变化，乡镇企业起来了。能够在市场上提供老百姓、工厂所需要的建筑材料、小五金等等。第三个变化，经济特区来了，经济发展速度很快，中国完全有可能按照最新的技术来发展。这个就等于给平静的水面上丢下了三块大石头，三块大石头一丢整个的波浪起来了。"①

---

① 厉以宁：《改革开放是这样起步的》，《中国经济信息》2018年第15期。

中国式现代化作为人类历史上最为宏大而独特的实践创新，已经积累了丰富经验、形成了规律性认识，但仍有大量改革难题、发展课题、矛盾问题需要破解，任务极其艰巨，难度世所罕见。只有在党的领导下把14亿多中国人民的积极性、主动性、创造性充分激发出来、凝聚起来，强国建设、民族复兴的宏伟蓝图才能一步步变成美好现实。

（二）坚持以人民为中心的发展思想是贯穿中国式现代化建设的重大原则。党的二十大报告把"坚持以人民为中心的发展思想"作为全面建设社会主义现代化国家必须牢牢把握的重大原则，这是由我们党的根本宗旨、我国经济社会发展的根本目的决定的。中国式现代化坚持以人民为中心，宣示了中国式现代化的价值取向，彰显了我们党的根本政治立场。党的性质和宗旨，决定了中国共产党领导的社会主义现代化必须始终坚持把人民利益放在首位，不断实现好、维护好、发展好最广大人民的根本利益，不断满足人民日益增长的美好生活需要。中国式现代化坚持发展为了人民、发展依靠人民、发展成果由人民共享，在推动全体人民共同富裕上取得重要进展，特别是党的十八大以来打赢脱贫攻坚战，使近1亿农村贫困人口脱贫。现在，我们已经形成促进全体人民共同富裕的一整套思想理念、制度安排、政策举措。在推动高质量发展、做好做大"蛋糕"的同时，我们将进一步分好"蛋糕"，着力解决好就业、分配、教育、医疗、住房、养老、托幼等民生问题，构建三次分配协调配套的制度体系，规范收入分配秩序，规范财富积累机制，依法引导和规范资本健康发展，逐步扩大中等收入群体、缩小收入分配差距，让现代化建设成果更多更公平惠及全体人民，坚决防止两极分化。党的二十大进一步明确了到 2035 年"人的全面发展、全体人民共同富裕取得更为明显的实质性进展"的目标，反映了社会主义的本质要求，体现了以人民为中心的根本立场。实践证明，只有中国特色社会主义道路而没有别的道路，能够引领中国进步、增进人民福祉、实现民族复兴。这条道路我们看准了、认定了，必须坚定不移走下去，不为任何风险所惧，不为任何干扰所惑，真正做到"千磨万击还坚劲，任尔东西南北风"。

（三）发展全过程人民民主是中国式现代化建设的重要保障。党的二十大报告把发展全过程人民民主作为中国式现代化本质要求的一项重要内容，强调全过程人民民主是社会主义民主政治的本质属性，对"发展全过程人民民主，保障人民当家作主"作出全面部署、提出明确要求。这对于新时代新征程更好发挥我国社会主义政治制度优势、全面建设社会主义现代化国家、全面推进中华民族伟大复兴具有十分重要的意义。发展社会主义民主政治，建设社会主义政治文明，是全面建设社会主义现代化国家的内在要求和重要目标。全过程人民民主深深扎根于中国社会土壤中，是中国共产党领导人民百年奋斗的重大成果，是我国人民民主的最新发展，具有全链条、全方位、全覆盖的显著特征。实践充分证明，全过程人民民主是能够保证亿万人民当家作主、把国家和民族的前途命运牢牢掌握在自己手中的新型民主，是涵盖国家各项事业各项工作的全覆盖民主。全过程人民民主坚持人民主体地位，把人民当家作主充分体现在中国特色社会主义经济建设、政治建设、文化建设、社会建设、生态文明建设"五位一体"总体布局和全面建设社会主义现代化国家、全面深化改革、全面依法治国、全面从严治党"四个全面"战略布局的方方面面，实现了全领域、全过程整体性覆盖和贯通。同时，通过全过程人民民主最广泛地动员和组织全体人民以主人翁地位投身社会主义现代化建设，有力推动了国家各项事业的发展和各方面工作的开展，有力推动了实现人民对美好生活的向往、全体人民共同富裕和人的全面发展的历史进程，向着建成富强民主文明和谐美丽的社会主义现代化强国、实现中华民族伟大复兴的宏伟目标不断迈进。

（四）统一战线是中国式现代化建设的重要法宝。一部党的百年奋斗史，就是最大限度团结各方面力量、从胜利走向胜利的历史，也是我们党运用统一战线，不断由小到大、以弱胜强、由弱变强，实现自身发展壮大的历史。建立最广泛的统一战线，是我们党克敌制胜的重要法宝，是党执政兴国的重要法宝，也是党领导推进中国式现代化的重要法宝。实现中华民族伟大复兴，既要充分发挥党的先锋队作用，也要充分发挥中国共产党领导的政治优势和中国特色社会主义的制度优势，团结一切可以团结的力量，调动一切可以调动的积极因素。当前，我国发展内外环境发生深刻变化，所有制形式更加多样，社会阶层更加多样，社会思想观念更加多样。越是利益多元、思想多样，越要凝聚思想共识、汇聚强大力量。新的征程上，必须坚持大团结大联合，坚持一致性和多样性统一，加强思想政治引领，广泛凝聚共识，广聚天下英才，铸牢中华民族共同体意识，促进政党关系、民族关系、宗教关系、阶层关系、海内外同胞关系和谐，努力寻求最大公约数、画出最大同心圆，形成携手并肩、和衷共济的生动局面。以中国式现代化全面推进中华民族伟大复兴绝不是轻轻松松、敲锣打鼓就能实现的，前进道路上必然会有艰巨繁重的新任务，必然会有艰难险阻甚至惊涛骇浪。越是目标远大，越是任务艰巨，越是形势复杂，越是要把统一战线发展好、把统战工作开展好，把各方面智慧和力量凝聚起来，形成海内外中华儿女同心共圆中国梦的强大合力。我们要牢牢把握新时代爱国统一战线的历史责任，围绕党的中心任务凝心聚力，按照统战工作大团结大联合的本质要求，真正把不同党派、不同民族、不同阶层、不同群体、不同信仰以及生活在不同社会制度下的全体中华儿女都团结起来，形成海内外中华儿女心往一处想、劲往一处使的生动局面，更好发挥他们在全面建设社会主义现代化国家中的重要作用。

全面建设社会主义现代化国家、全面推进中华民族伟大复兴，关键在党。回望过往的奋斗路，我们党团结带领人民取得了新民主主义革命、社会主义革命和建设、改革开放和社会主义现代化建设的伟大胜利，开创了中国特色社会主义新时代。眺望前方的奋进路，新征程是充满光荣和梦想的远征，党的二十大擘画了全面建设社会主义现代化国家、以中国式现代化全面推进中华民族伟大复兴的宏伟蓝图，吹响了奋进新征程的时代号角，我们要更加紧密地团结在以习近平同志为核心的党中央周围，全面贯彻习近平新时代中国特色社会主义思想，深刻领悟"两个确立"的决定性意义，增强"四个意识"、坚定"四个自信"、做到"两个维护"，坚定历史自信，增强历史主动，心往一处想、劲往一处使，以咬定青山不放松的执着奋力实现既定目标，沿着中国式现代化这条强国建设、民族复兴的唯一正确道路阔步前进！

第 二 章

准确把握中国式现代化的历史进程

现代化是人类文明进步的历史潮流，也是人类发展进步的重要标志。一部中国共产党的历史，就是党带领全国各族人民为实现中国现代化而团结奋斗的历史。习近平总书记在庆祝中国共产党成立100 周年大会上指出："走自己的路，是党的全部理论和实践立足点，更是党百年奋斗得出的历史结论。""我们坚持和发展中国特色社会主义，推动物质文明、政治文明、精神文明、社会文明、生态文明协调发展，创造了中国式现代化新道路，创造了人类文明新形态。"①100 多年来，中国共产党团结带领全国各族人民为争取民族独立、人民解放和实现国家富强、人民幸福，在长期探索和实践中历经千辛万苦、付出巨大代价最终成功走出一条具有中国特色、符合中国实际、体现人类社会发展规律的现代化新路。

---

① 习近平：《在庆祝中国共产党成立 100 周年大会上的讲话》，人民出版社 2021 年版，第 13、13—14 页。

一、新民主主义革命为实现现代化创造了根本社会条件

中华民族是世界上伟大的民族，创造了辉煌的人类文明，有着绵延 5000 多年源远流长的文明历史，为人类文明进步作出了不可磨灭的贡献。但是，近代之后，中华民族逐渐走向了衰落。"近代中国由盛到衰的一个重要原因，就是封建统治者夜郎自大、因循守旧，畏惧变革、抱残守缺，跟不上世界发展潮流。"[①] 面对汹涌而至的世界性现代化潮流，近代中国迎来了"数千年来未有之变局"和"数千年来未有之强敌"。

（一）推翻三座大山，完成国家独立和民族解放，为中国推进现代化扫清了障碍

1840 年鸦片战争以后，中国逐步成为半殖民地半封建社会，国家蒙辱、人民蒙难、文明蒙尘，中华民族遭受了前所未有的劫难。对此，毛泽东在《中国革命和中国共产党》中作了这样概括："帝国主义列强侵略中国，在一方面促使中国封建社会解体，促使中国发生了资本主义因素，把一个封建社会变成了一个半封建的社会；但是在另一方面，它们又残酷地统治了中国，把一个独立的中国变成了一个半殖民地和殖民地的中国。"[②] 从那时起，实现中华民

[①] 习近平：《在纪念中国人民抗日战争暨世界反法西斯战争胜利 69 周年座谈会上的讲话》，人民出版社 2014 年版，第 21 页。

[②] 《毛泽东选集》第二卷，人民出版社 1991 年版，第 630 页。

族伟大复兴，就成为中国人民和中华民族最伟大的梦想。

"风雨如磐暗故园"。近代中国的命运和道路，映射的是西方现代化理论下弱肉强食侵略扩张的强盗逻辑，体现了后发国家追求实现国家现代化的实践探索。正如党的第三个历史决议所指出：为了拯救民族危亡，中国人民奋起反抗，仁人志士奔走呐喊，进行了可歌可泣的斗争。太平天国运动、洋务运动、戊戌变法、义和团运动接连而起，各种救国方案轮番出台，但都以失败告终。

在半殖民地半封建社会的旧中国，实现现代化，首先必须实现民族独立和人民解放；而实现民族独立和人民解放，必须诉诸革命方式。"历史上凡是专制主义者，或帝国主义者，或军国主义者，非等到人家来推倒，决没有自己肯收场的。"[1] 这是历史和实践的庄严回答。"帝国主义和中华民族的矛盾，封建主义和人民大众的矛盾，这些就是近代中国社会的主要的矛盾。""而帝国主义和中华民族的矛盾，乃是各种矛盾中的最主要的矛盾。"[2] 实现中华民族伟大复兴，必须进行反帝反封建斗争。正是基于对近代中国社会主要矛盾的正确认识，以毛泽东同志为主要代表的中国共产党人科学制定了不同时期的路线方针政策，彻底结束了旧中国半殖民地半封建社会的历史，彻底结束了极少数剥削者统治广大劳动人民的历史，彻底结束了旧中国一盘散沙的局面，彻底废除了列强强加给中国的不平等条约和帝国主义在中国的一切特权，最终取得了新民主主义革

---

① 中共中央文献研究室编：《毛泽东书信选集》，中央文献出版社 2003 年版，第5页。

② 《毛泽东选集》第二卷，人民出版社 1991 年版，第 631 页。

命的伟大胜利。

在新民主主义革命时期，我们党团结带领人民，浴血奋战、百折不挠，经过北伐战争、土地革命战争、抗日战争、解放战争，推翻帝国主义、封建主义、官僚资本主义三座大山，建立了人民当家作主的中华人民共和国，实现了民族独立、人民解放，为实现现代化创造了根本社会条件。

（二）中国共产党应运而生，在革命实践锻炼中成为实现国家现代化的坚定领导力量

近代以来无数仁人志士为拯救民族危亡进行各种艰辛尝试，但最终都以失败告终，民族危机越来越深重。毛泽东曾说过："帝国主义的侵略打破了中国人学西方的迷梦。很奇怪，为什么先生老是侵略学生呢？中国人向西方学得很不少，但是行不通，理想总是不能实现。"①

在中国人民和中华民族的伟大觉醒中，在马克思列宁主义同中国工人运动的紧密结合中，中国共产党应运而生，这是开天辟地的大事变。中国共产党的诞生改变了 5000 多年中国历史发展的方向。毛泽东在党的七大上说："一九二一年产生了中国共产党，中国就改变了方向，五千年的中国历史就改变了方向。我们共产党是中国历史上的任何其他政党都比不上的，它最有觉悟，最有预见，能够看清前途。"②

探索中国现代化道路的重任，历史地落在了中国共产党身上。

---

① 《毛泽东选集》第四卷，人民出版社 1991 年版，第 1470 页。
② 《毛泽东文集》第三卷，人民出版社 1996 年版，第 397 页。

中国人民有了主心骨。习近平总书记指出，我们党的诞生就是顺应世界发展大势的结果。十月革命的胜利，社会主义的兴起，就是当时的世界大势。我们党从这个世界大势中产生，走在了时代前列。① 中国共产党一经诞生，就把为中国人民谋幸福、为中华民族谋复兴确立为自己的初心使命。一百年来，中国共产党团结带领中国人民进行的一切奋斗、一切牺牲、一切创造，归结起来就是一个主题：实现中华民族伟大复兴。

实践充分说明，是历史和人民选择了中国共产党，没有中国共产党领导，民族独立、人民解放是不可能实现的。在中国人民政治协商会议第一届全体会议上，宋庆龄表示：我们达到今天的历史地位，是由于中国共产党的领导。这是唯一拥有人民大众力量的政党。这不但表达了全体与会代表的心声，也表达了四亿五千万中国人民的心声。从一个 1921 年建立之初仅有 50 多名党员的党，到 1949 年 9 月已成为一个拥有 448 万余名党员的全国范围的、广大群众性的、思想上政治上组织上完全巩固的马克思主义政党，历经 28 年团结奋斗，建立人民民主专政的无产阶级政权，带领人民在实现国家现代化上实现了变被动为主动。

（三）实现了马克思主义中国化的第一次历史性飞跃，为推进现代化提供了全新的理论指南

一个民族要走在时代前列，就一刻不能没有理论思维，一刻不

① 习近平：《在党史学习教育动员大会上的讲话》，人民出版社 2021 年版，第 13 页。

能没有思想指引。实现国家现代化，必须要有科学理论的指导。对于五四运动之前无数仁人志士前赴后继，求索救国救民的道路，毛泽东曾经这样评价："共计七十多年中，中国人没有什么思想武器可以抗御帝国主义。旧的顽固的封建主义的思想武器打了败仗了，抵不住，宣告破产了。不得已，中国人被迫从帝国主义的老家即西方资产阶级革命时代的武器库中学来了进化论、天赋人权论和资产阶级共和国等项思想武器和政治方案，组织过政党，举行过革命，以为可以外御列强，内建民国。但是这些东西也和封建主义的思想武器一样，软弱得很，又是抵不住，败下阵来，宣告破产了。"①与没有先进阶级的领导一样，缺乏科学理论的指导也是近代以来中国在挽救民族危亡、扫清中国现代化前进道路障碍上屡屡失败的重要原因。

十月革命一声炮响，给中国送来了马克思列宁主义。经过五四运动的洗礼，当时中国的先进分子坚信：既然马克思主义可以指导俄国人民取得革命胜利，那同样也可以指导中国人民革命取得胜利。比如，这一时期的李大钊就指出布尔什维主义是 20 世纪人类共同觉悟的精神，是历史的新潮流，号召中国人民"翘首以迎其世界新文明之曙光"。

在近代中国最危急的时刻，中国共产党人找到了马克思列宁主义。"自从中国人学会了马克思列宁主义以后，中国人在精神上就由被动转入主动。"②党的第三个历史决议指出，在革命斗争中，以

---

① 《毛泽东选集》第四卷，人民出版社 1991 年版，第 1514 页。

② 《毛泽东选集》第四卷，人民出版社 1991 年版，第 1516 页。

毛泽东同志为主要代表的中国共产党人，把马克思列宁主义基本原理同中国具体实际相结合，对经过艰苦探索、付出巨大牺牲积累的一系列独创性经验作了理论概括，开辟了农村包围城市、武装夺取政权的正确革命道路，创立了毛泽东思想，为夺取新民主主义革命胜利指明了正确方向。

二、社会主义革命和建设为现代化建设奠定根本政治前提和宝贵经验、理论准备、物质基础

从新中国成立到改革开放前夕，党领导人民战胜了政治、经济、军事等方面一系列严峻挑战，完成社会主义革命，消灭一切剥削制度，实现了中华民族有史以来最为广泛而深刻的社会变革，实现了一穷二白、人口众多的东方大国大步迈进社会主义社会的伟大飞跃。在此基础上，推进社会主义建设，中国共产党团结带领中国人民在社会主义道路上艰辛探索、砥砺前行，全面探索中国自己的现代化建设之路。

（一）社会主义革命为现代化建设奠定根本政治前提

新中国成立后，中国共产党团结带领人民进行社会主义革命，消灭了在中国延续了几千年的封建制度，确立了社会主义基本制度，实现了中华民族有史以来最为广泛而深刻的社会变革，为中国现代化的发展奠定了根本政治前提。

确立了人民民主专政的国体。新中国成立前夕，毛泽东在《论人民民主专政》一文中指出，总结我们的经验，集中到一点，就是工人阶级（经过共产党）领导的以工农联盟为基础的人民民主专政。这就明确了即将成立的中华人民共和国的社会主义国家性质。1949 年 9 月，中国人民政治协商会议第一届全体会议通过了具有临时宪法作用的《共同纲领》，规定了新中国的国体，实行工人阶级领导的、以工农联盟为基础的、团结各民主阶级和国内各民族的人民民主专政。1954 年 9 月，一届全国人大一次会议审议通过了新中国第一部宪法，进一步规定：中华人民共和国是工人阶级领导的、以工农联盟为基础的人民民主国家，通过根本大法形式确立了社会主义的国家性质。

确立了新中国的基本政治制度体系。《共同纲领》还规定：中华人民共和国的国家政权属于人民，人民行使国家政权的机关为各级人民代表大会和各级人民政府，各级政权机关一律实行民主集中制。新中国第一部宪法明确规定：中华人民共和国的一切权力属于人民。人民行使权力的机关是全国人民代表大会和地方各级人民代表大会。全国人民代表大会、地方各级人民代表大会和其他国家机关，一律实行民主集中制，进一步确立了我国社会主义社会的根本政治制度。此外，包括中国共产党领导的多党合作和政治协商、民族区域自治的基本政治制度的确立，共同构成了新中国的政治制度体系，为现代化建设提供了根本政治保障。

1953 年 6 月，党中央提出了过渡时期总路线，指出从中华人民共和国成立，到社会主义改造基本完成，这是一个过渡时期。党在这个过渡时期的总路线和总任务，是要在一个相当长的时期内，逐步实现国家的社会主义工业化，并逐步实现国家对农业、手工业和资本主义工商业的社会主义改造。到 1956 年底，全国绝大部分地区基本上完成了对生产资料私有制的社会主义改造。在国民经济中，全民所有制和劳动群众集体所有制这两种公有制经济已经占据主体地位，标志着社会主义经济制度在我国已经建立起来。

1956 年 9 月，党的八大在强调"以苏为鉴"，全面探索中国自己的社会主义建设道路的同时，还宣布：我国无产阶级同资产阶级之间的矛盾已经基本上解决，几千年来的阶级剥削制度的历史已经基本上结束，社会主义的社会制度在我国已经基本上建立起来。"实现了中华民族有史以来最为广泛而深刻的社会变革，实现了一穷二白、人口众多的东方大国大步迈进社会主义社会的伟大飞跃，为实现中华民族伟大复兴奠定了根本政治前提和制度基础"。[①]

（二）社会主义建设为现代化建设提供宝贵经验、理论准备、物质基础

新中国成立之初，以毛泽东同志为核心的党的第一代中央领导集体认识到，工业化是社会现代化的重要内容和重要标志，要把实现工业化放在重要位置，并在此基础上提出"四个现代化"战略目标。1954 年，毛泽东在一届全国人大一次会议的开幕词中指出：准备在几个五年计划之内，将我们现在这样一个经济上文化上

[①] 习近平：《在庆祝中国共产党成立 100 周年大会上的讲话》，人民出版社 2021 年版，第 5 页。

落后的国家，建设成为一个工业化的、具有高度现代化程度的伟大的国家。周恩来在这次会议上所作的政府工作报告中，进一步提出建设起强大的现代化的工业、现代化的农业、现代化的交通运输业和现代化的国防。这是"四个现代化"的最初表述。1957年，毛泽东又提出：我们一定要建设一个具有现代工业、现代农业和现代科学文化的社会主义国家。首次将科学文化纳入社会主义建设的战略目标之内，对现代化的认识和理解更加全面和完整。1960年初，毛泽东在《读苏联〈政治经济学教科书〉的谈话》中提出：建设社会主义，除了要实现工业现代化、农业现代化、科学文化现代化外，还要加上国防现代化。这是关于"四个现代化"的第一次完整表述。20世纪60年代初，在毛泽东提出的"农业是基础，工业是主导"思想的指导下，农业现代化从原来的第二位上升到第一位，更加符合我国的国情。1964年12月，周恩来在三届全国人大一次会议上所作的政府工作报告中，代表中共中央正式向全党和全国人民庄严宣告："总的说来，就是要在不太长的历史时期内，把我国建设成为一个具有现代农业、现代工业、现代国防和现代科学技术的社会主义强国，赶上和超过世界先进水平。"[①] 至此，"四个现代化"的规范表述，被作为中国现代化战略目标正式写入党和国家文件中，为全党全国人民所接受。

党在提出、完善现代化战略目标的同时，在分阶段实现目标方面也获得了成功实践。1963年夏，毛泽东根据当时国民经济从

① 《周恩来选集》下卷，人民出版社1984年版，第439页。

严重困难中逐渐走出来的情况，提出分两步走，在 20 世纪内实现"四个现代化"的设想。他提出："把一九六三年到一九六五年这三年作为一个过渡阶段，仍然以调整、巩固、充实、提高的八字方针为这一时期国民经济计划的方针。三年过渡之后，搞一个十五年的设想，就是基本上搞一个初步的独立的国民经济体系，或者说工业体系；然后再有十五年左右，建成一个具有现代化农业、现代化工业、现代化国防和现代化科学技术的社会主义强国。"[1] 毛泽东这个设想，是用两个"十五年"的时间实现"四个现代化"强国。经过反复酝酿，三届全国人大一次会议在提出"四个现代化"战略目标时，明确指出分"两步走"来实现目标："第一步，建立一个独立的比较完整的工业体系和国民经济体系；第二步，全面实现农业、工业、国防和科学技术的现代化，使我国经济走在世界的前列。"[2] 1975 年召开的四届全国人大一次会议重申了这个"两步走"战略设想："第一步，用十五年时间，即在一九八〇年以前，建成一个独立的比较完整的工业体系和国民经济体系；第二步，在本世纪内，全面实现农业、工业、国防和科学技术的现代化，使我国国民经济走在世界的前列。"[3] 这一战略设想不仅是当时整个政府工作报告最为引人注目的亮点，还是党的十一届三中全会实现全党工作中心转移的重要依据，也是邓小平后来提出分三步走基本实现现代

---

[1]　中共中央文献研究室编：《毛泽东传（1949—1976）》（下），中央文献出版社 2003 年版，第 1358 页。

[2]　《周恩来选集》下卷，人民出版社 1984 年版，第 439 页。

[3]　《周恩来选集》下卷，人民出版社 1984 年版，第 479 页。

化战略构想的重要思想渊源。

这一时期，以毛泽东同志为主要代表的中国共产党人，提出"第二个结合"，坚持走自己的路，进行了艰苦的理论探索，形成了《论十大关系》等重要著作。中国社会主义建设在探索中曲折前行，从大历史视角来看，这些探索既为后来的社会主义现代化建设提供了理论准备、积累了宝贵经验，也在实践基础上推动着理论认识取得新进展。同时，我们在旧中国遗留下来的一穷二白基础上，建立了独立的比较完整的工业体系和国民经济体系，经济社会发展取得的巨大成就，为现代化建设提供了物质基础。

新中国成立之初，毛泽东曾感慨："现在我们能造什么？能造桌子椅子，能造茶碗茶壶……但是，一辆汽车、一架飞机、一辆坦克、一辆拖拉机都不能造。"[①] 随着社会主义革命的完成，生产关系的变革带来了生产力的解放和发展。仅"一五"期间，中国工业总产值平均每年增长 18%，农业总产值平均每年增长 4.5%，国民收入平均每年增长 8.9%，工农业总产值平均每年增长 10.9%，社会主义制度有效促进了新中国成立初期工农业和整个国民经济的发展。另据统计，1952—1978 年间，中国的工业总产值增长了 16 倍，年平均增长率为 11.3%，其中重工业增长了 28 倍，年平均增长率为 13.7%；工业产值占整个国民收入的比重由 1952 年的 19.5% 上升为 1978 年的 46.8%。[②] 这一时期被美国学者莫里斯·迈斯纳称为"中国现代工业革命的时代"。他指出："50 年代初期，中国从比

---

① 《毛泽东文集》第六卷，人民出版社 1999 年版，第 329 页。

② 国家统计局主编：《中国统计年鉴:1981》，中国统计出版社 1982 年版，第 206、20 页。

比利时还要弱小的工业化起步，到毛泽东时代结束时，长期以来被耻笑为'东亚病夫'的中国已经跻身于世界前六位最大的工业国家之列。""考虑到中国的经济成就几乎是在毫无外来援助和支持的情况下由中国人民独立取得的，因而这种经济成就格外引人注目。"[①]

新中国成立后，我们党团结带领人民进行社会主义革命，消灭在中国延续几千年的封建制度，确立社会主义基本制度，实现了中华民族有史以来最为广泛而深刻的社会变革，建立起独立的比较完整的工业体系和国民经济体系，社会主义革命和建设取得了独创性理论成果和巨大成就，为现代化建设奠定根本政治前提和宝贵经验、理论准备、物质基础。

三、改革开放和社会主义现代化建设为中国式现代化提供了充满新的活力的体制保证和快速发展的物质条件

1978年党的十一届三中全会作出了把党和国家工作中心转移到经济建设上来、实行改革开放的历史性决策。进入改革开放和社会主义现代化建设新时期，我们大力推进实践基础上的理论创新、制度创新、文化创新以及其他各方面创新，为中国式现代化提供了充满新的活力的体制保证和快速发展的物质条件。正如习近平总书记所说："没有改革开放，就没有中国的今天，也

①　[美] 莫里斯·迈斯纳：《毛泽东的中国和后毛泽东的中国》（下），杜蒲、李玉玲译，四川人民出版社1989年版，第540—541页。

就没有中国的明天。"

（一）改革开放是决定当代中国命运的关键一招

改革开放是当代中国最鲜明的特色，是我们党在新的历史时期最鲜明的旗帜，是当代中国共产党人在新时代最鲜明的品格。改革开放是我们党在新的时代条件下带领人民进行的新的伟大革命。改革开放以来，我们党靠什么来振奋民心、统一思想、凝聚力量？靠什么来激发全体人民的创造精神和创造活力？靠什么来实现我国经济社会快速发展、在与资本主义竞争中赢得比较优势？靠的就是改革开放。

改革开放是我们党的一次伟大觉醒，正是这个伟大觉醒孕育了我们党从理论到实践的伟大创造。1978 年冬，安徽省凤阳县小岗村农民严宏昌站在江淮分水岭上那间破草房前，神情紧张：他拉着 18 位衣衫褴褛的农民，在一间低矮破旧的茅草屋里，立下"生死契约"，摁下鲜红手印，搞起"大包干"；1979 年 6 月，北京前门箭楼西侧，大碗茶青年茶社开门营业，"个体户"这个词越来越被人们知晓。几乎同一时间，浙江温州的章华妹在自家门口支了一张小桌子，摆上针头线脑。1980 年，温州成立工商所，章华妹成为温州第一个获得执照的个体户。这张个体户营业执照也是改革开放以来全国的第一张。1985 年，被誉为"全国个体私营经济第一张名片"的农产品品牌"傻子瓜子"在安徽芜湖破冰而出。……40 多年来，中国改革开放的巨轮劈波斩浪、一往无前。①

---

① 常河、方莉、温源：《决定当代中国前途命运的关键一招》，《光明日报》2021 年 11 月 29 日。

　　历史和实践证明，改革开放是国家富强、人民富裕的兴国富民之道。这是中国共产党深入总结新中国成立以来探索社会主义革命与建设道路正反两方面经验教训而得出的正确结论，也是在拨乱反正过程中开辟中国式现代化道路所找到的正确途径。

　　（二）改革开放是社会主义制度的自我完善和自我发展，为实现国家现代化提供了充满生机活力的体制机制保证

　　改革开放是社会主义制度的自我完善和发展。改革开放之初，邓小平就指出，社会主义的根本制度和基本制度，必须长期坚持；具体制度，必须不断改革。他认为，社会主义的根本制度和基本制度，具有资本主义政治制度所无法比拟的优越性，但"党和国家现行的一些具体制度中，还存在不少的弊端，妨碍甚至严重妨碍社会主义优越性的发挥。如不认真改革，就很难适应现代化建设的迫切需要，我们就要严重地脱离广大群众"[1]。正是在这个意义上，邓小平提出"改革是中国的第二次革命"的著名论断。

　　改革开放的目的是不断巩固和完善社会主义制度，进一步解放和发展社会生产力。中国通过改革开放实现了从高度集中的计划经济体制到充满活力的社会主义市场经济体制、从封闭半封闭到全方位开放的历史性转变。正如邓小平指出："我们所有的改革都是为了一个目的，就是扫除发展社会生产力的障碍。"[2]"我们的改革要

---

　　[1]　中共中央文献研究室编：《改革开放三十年重要文献选编》（上），中央文献出版社 2008 年版，第 146 页。

　　[2]　《邓小平文选》第三卷，人民出版社 1993 年版，第 134 页。

达到一个什么目的呢？总的目的是要有利于巩固社会主义制度，有利于巩固党的领导，有利于在党的领导和社会主义制度下发展生产力。"[1] 对于有些人担心改革开放会带来消极影响的观点，邓小平则指出："有办法解决，没有什么了不起。因为从政治上讲，我们的国家机器是社会主义性质的，它有能力保障社会主义制度。从经济上讲，我国的社会主义经济在工业、农业、商业和其他方面已经建立了相当坚实的基础。"[2]"要用上百上千的事实来回答改革开放姓'社'不姓'资'，有利于社会主义，不利于资本主义。"[3] 历史证明，在改革开放的伟大实践中，我们开辟了中国特色社会主义道路，形成了中国特色社会主义理论体系，确立了中国特色社会主义制度，发展了中国特色社会主义文化。

没有改革开放就没有当代中国的发展进步，改革开放是发展中国、发展社会主义、发展马克思主义的强大动力。

（三）改革开放为中国式现代化提供了快速发展的物质条件

改革开放以来，我国经济社会面貌发生历史性变化，实现了从生产力相对落后的状况到经济总量跃居世界第二的历史性突破，实现了人民生活从温饱不足到总体小康、奔向全面小康的历史性跨越。

经济实力和综合国力显著增强。国内生产总值由 1978 年的

---

① 《邓小平文选》第三卷，人民出版社 1993 年版，第 241 页。

② 《邓小平文选》第三卷，人民出版社 1993 年版，第 135 页。

③ 中共中央文献研究室编：《邓小平年谱（一九七五——一九九七）》下卷，中央文献出版社 2004 年版，第 1340 页。

3645 亿元跃升到 2012 年的 54 万亿元。1978 年我国经济总量仅居世界第十位，2008 年超过德国，居世界第三位，2010 年超过日本，居世界第二位，成为仅次于美国的世界第二大经济体。我国经济总量占世界的份额也由 1978 年的 1.8% 提升至 2012 年的 11.5%。世界银行数据显示，我国人均国民总收入由 1978 年的 190 美元上升至 2012 年的 5680 美元，进入了上中等收入经济体行列。

人民物质文化生活水平大幅提高。2012 年城镇居民人均可支配收入 24565 元，农村居民家庭人均纯收入 7917 元，扣除物价上涨因素后，实际分别比 1978 年增长 10.5 倍和 10.8 倍，城乡居民拥有的财富明显增加。贫困人口大幅减少，农村绝对贫困人口从 1978 年的 2.5 亿人减少到 2010 年的 2688 万人，平均每年脱贫 544 万人。

国际地位和影响力明显提升。2012 年我国货物进出口总额达到 38671 亿美元，比 1978 年增长 186 倍，货物出口总额居世界第一位。2012 年实际使用外商直接投资金额 1117 亿美元，连续多年居发展中国家首位；对外直接投资净额 878 亿美元，年末对外直接投资存量达到 5319 亿美元。[①]

四、新时代成功推进和拓展了中国式现代化

党的十八大以来，我们党在已有基础上继续前进，不断实现理

---

① 徐绍史：《改革开放是决定当代中国命运的关键一招》，《人民日报》2013 年 11 月 19 日。

论和实践上的创新突破，成功推进和拓展了中国式现代化。

（一）认识上不断深化，为中国式现代化提供科学遵循

党的二十大报告指出，中国共产党为什么能，中国特色社会主义为什么好，归根到底是马克思主义行，是中国化时代化的马克思主义行。党的十八大以来，以习近平同志为主要代表的中国共产党人，坚持把马克思主义基本原理同中国具体实际相结合、同中华优秀传统文化相结合，系统回答中国之问、世界之问、人民之问、时代之问，不断推进马克思主义中国化时代化，创立了习近平新时代中国特色社会主义思想，实现了马克思主义中国化时代化新的飞跃，为中国式现代化提供了根本遵循。

党的二十大报告全面阐述了从现在起中国共产党的中心任务、中国式现代化的中国特色、中国式现代化的本质要求、全面建成社会主义现代化强国总的战略安排和目标任务、中国式现代化必须牢牢把握的重大原则等重大问题，深化了对中国式现代化的内涵和本质的认识。2023 年 2 月 7 日，在新进中央委员会的委员、候补委员和省部级主要领导干部学习贯彻习近平新时代中国特色社会主义思想和党的二十大精神研讨班开班式上，习近平总书记强调，概括提出并深入阐述中国式现代化理论，是党的二十大的一个重大理论创新，是科学社会主义的最新重大成果。在讲话中，习近平总书记进一步深刻阐述了中国式现代化的一系列重大理论和实践问题，进一步完善了中国式现代化的理论体系，是对中国式现代化理论的极大丰富和发展，使中国式现代化更加清

晰、更加科学、更加可感可行。

（二）在战略上不断完善，为中国式现代化提供坚实战略支撑

战略问题是一个政党、一个国家的根本性问题。推进中国式现代化是一个系统工程，以中国式现代化全面推进中华民族伟大复兴，尤其需要做好顶层设计，强化战略思维、战略谋划、战略部署。

党的十九大综合分析国际国内形势和我国发展条件，提出从2020年到本世纪中叶分两个阶段来安排。第一个阶段，从2020年到2035年，在全面建成小康社会的基础上，再奋斗15年，基本实现社会主义现代化。第二个阶段，从2035年到本世纪中叶，在基本实现现代化的基础上，再奋斗15年，把我国建成富强民主文明和谐美丽的社会主义现代化强国。党的十九届五中全会着眼于"两个一百年"奋斗目标有机衔接、接续推进，描绘了"十四五"时期和到2035年的发展图景。党的二十大提出全面建成社会主义现代化强国，总的战略安排是分两步走：从2020年到2035年基本实现社会主义现代化；从2035年到本世纪中叶把我国建成富强民主文明和谐美丽的社会主义现代化强国。这一战略安排也被写入了党的二十大修订的《中国共产党章程》。

新时代这十年，我们在战略上不断完善，深入实施科教兴国战略、人才强国战略、乡村振兴战略等一系列重大战略，为中国式现代化提供坚实战略支撑。党的十八大以来，以习近平同志为核心的党中央还提出并深入实施创新驱动发展战略、区域协调发展

战略、可持续发展战略、军民融合发展战略，发挥战略引领作用，推动新时代党和国家事业取得历史性成就、发生历史性变革。党的二十大进一步强调，教育、科技、人才是全面建设社会主义现代化国家的基础性、战略性支撑，并作出全面部署，充分体现了推进中国式现代化征程上，面对各种发展中的不确定性因素，中国共产党人强烈的忧患意识和使命担当。

（三）在实践上不断丰富，为中国式现代化提供了更为完善的制度保证、更为坚实的物质基础、更为主动的精神力量

党的十八大以来，以习近平同志为核心的党中央，以伟大的历史主动精神、巨大的政治勇气、强烈的责任担当，统筹国内国际两个大局，统揽伟大斗争、伟大工程、伟大事业、伟大梦想，统筹推进"五位一体"总体布局、协调推进"四个全面"战略布局，坚持和完善中国特色社会主义制度，推进国家治理体系和治理能力现代化，战胜一系列重大风险挑战，历史性地解决了绝对贫困问题，实现了第一个百年奋斗目标，全面建成了小康社会。

新时代这十年，面对百年变局和世纪疫情交织叠加，面对多重超预期因素冲击，国内生产总值增加到 121 万亿元，党的十九大以来的 5 年年均增长 5.2%，新时代 10 年增加近 70 万亿元、年均增长 6.2%，在高基数基础上实现了中高速增长、迈向高质量发展；中国经济占世界经济的比重从 11.4% 上升到 18% 以上，对世界经济增长的平均贡献率超过 30%，居于首位；稳居世界第二大消费市场、制造业第一大国、货物贸易第一大国、外汇储备第一大

国……① 这些成绩的取得，更加彰显在以习近平同志为核心的党中央领航掌舵下，新时代十年变革造就的中国发展奇迹。

十年来，我们踔厉奋发，在改革中坚持和完善制度；我们推动各领域基础性制度框架基本建立，许多领域实现历史性变革、系统性重塑、整体性重构，各项制度机制更加成熟定型，不断激发发展活力；十年来，我们勇毅前行，新时代的中国在实现中国式现代化进程中具备了更为完善的制度保证、更为坚实的物质基础、更为主动的精神力量，这是我们战胜各种风险考验的坚强底气和坚实基础。我们坚信在中国共产党的坚强领导下，中国式现代化一定会健康前行，如期全面建成社会主义现代化强国。

---

① 《十组数据看新时代中国发展之变》，新华社，2023 年 3 月 4 日。

第 三 章

基于自己国情的中国特色

　　由于历史传统和现实国情不同，各个国家的现代化具有不同的特点。世界上既不存在定于一尊的现代化模式，也不存在放之四海而皆准的现代化标准。中国式现代化，是中国共产党领导的社会主义现代化，既有各国现代化的共同特征，更有基于自己国情的中国特色。2020 年 10 月，习近平总书记在党的十九届五中全会上深刻阐明了中国式现代化的五个特征。2022 年 10 月，党的二十大报告系统阐述了中国式现代化的五大特色，即人口规模巨大、全体人民共同富裕、物质文明和精神文明相协调、人与自然和谐共生、走和平发展道路。在 2023 年 2 月 7 日，习近平总书记指出这五大特色既是理论问题，也是实践问题。实际上也是中国现代化建设进程中的难题。在全面建设社会主义现代化国家新征程上，我们要深刻把握这些特色，以中国式现代化全面推进中华民族伟大复兴。

一、人口规模巨大

2020 年 10 月 29 日，习近平总书记在党的十九届五中全会第二次全体会议上指出，我国 14 亿人口要整体迈入现代化社会，其规模超过现有发达国家的总和，将彻底改写现代化的世界版图，在人类历史上是一件有深远影响的大事。2021 年 2 月 20 日，在党史学习教育动员大会上，习近平总书记强调，在我国这样一个 14 亿人口的国家实现社会主义现代化，这是多么伟大、多么不易！2022 年 11 月 17 日，在亚太经合组织工商领导人峰会上，习近平总书记又指出，中国 14 亿多人口实现现代化将是人类发展史上前所未有的大事。中国经济社会的更好发展，归根结底要激发 14 亿多人民的力量。

（一）人口规模巨大是中国式现代化的逻辑前提

党的二十大报告指出，中国式现代化是人口规模巨大的现代化。我国 14 亿多人口整体迈进现代化社会，规模超过现有发达国家人口的总和，艰巨性和复杂性前所未有，发展途径和推进方式也必然具有自己的特点。

人口规模巨大是中国式现代化面临的基本国情，也是中国式现代化的首要特征。与西方发达国家相比，中国实现现代化面临的基本国情有很多不同：一是人口规模大。中国是世界人口大国，也是最大的发展中国家。第七次全国人口普查数据显示，中国人口超过

14.1 亿，约占全球总人口的 18%，是美国的 4.3 倍、欧盟的 3.2 倍、日本的 11.2 倍。我国人口规模比目前世界上所有已实现现代化的国家和地区人口总和的 1.5 倍还要多。在这样的发展中国家实现现代化，在世界上没有先例可循，没有现成道路可走。二是发展水平较低。我国人均收入、城镇化率等现代化指标与发达国家相比仍有一定差距。2022 年，我国人均国内生产总值 (GDP) 为 1.27 万美元，接近于 20 世纪 80 年代末的美国，90 年代初的德国、法国和日本。我国人均国民总收入 (GNI) 为 1.26 万美元，接近世界银行设定的高收入国家标准，但距离中等发达经济体门槛尚有很大差距。2022 年末我国常住人口城镇化率达 65.22%，与高收入经济体的 81.3% 相比，仍有较大的差距。因此，我们必须始终从国情出发想问题、作决策、办事情，稳妥应对人口规模巨大的压力与考验，充分激发人口规模巨大的优势与红利，维护人民根本利益、增进民生福祉，发挥人民群众积极性、主动性、创造性，为创造新的历史伟业而团结奋斗。

（二）人口规模巨大是中国式现代化的支撑和优势

人口规模巨大是挑战，另一个角度看也是优势和动力。人口规模巨大蕴含着实现现代化的强大动能，为中国式现代化注入蓬勃动力。

人口规模巨大，意味着中国具有超大的规模市场和消费潜力，为现代化建设创造巨大空间。4 亿多中等收入群体、14 亿多人口，形成一个超大规模市场，成为中国经济行稳致远的稳定之锚。2022 年中国保持全球第二大消费市场的地位，全年社会消费品零售总额为 44 万亿元。只要坚持以人民为中心，扎实推进共同富裕，不断扩大中等收入群体，超大规模市场就能始终提供澎湃发展动力。这些优势，为应对不确定难预料因素提供了回旋空间，为增强国内大循环主体地位提供了重要保障。

人口规模巨大蕴藏着高质量发展的坚实基础。高质量发展是全面建设社会主义现代化国家的首要任务，离不开大批高素质劳动者的托举推动。新时代十年来，我国建成世界上规模最大的教育体系、社会保障体系、医疗卫生体系，不仅托举起人民群众稳稳的幸福，也推动劳动者队伍规模日益壮大、结构日益优化、素质逐步提高，为高质量发展筑牢人才支撑和智力支持。中国已经形成世界上最庞大的高素质人才队伍，人才红利逐步显现。中国发明专利申请受理量保持世界第一。截至 2022 年底，我国发明专利有效量为421.2 万件。每万人口高价值发明专利拥有量达到 9.4 件。世界知识产权组织最新发布的《世界知识产权指标》报告显示，我国发明专利有效量已经居世界第一。当前，14 亿多中国人民的前进动力更加强大、奋斗精神更加昂扬、必胜信念更加坚定，中国发展进步的历史大势不可阻挡。

（三）人口规模巨大是中国式现代化的约束和挑战

人口规模巨大决定了实现现代化的难度更大。14 亿多人口整体迈入现代化社会，是人类社会发展史无前例的伟大壮举。但由于幅员辽阔、资源匮乏、地区城乡发展差距较大以及内外部环境巨变，使得我国实现现代化的难度将超越以往的所有西方国家。

一方面，人口基数大、人口众多是我国现代化建设必须要考虑的客观重要挑战。如何辩证处理巨大人口规模与有限资源环境之间的矛盾、如何打造惠及十几亿人口的普惠性现代化道路等问题，亟须中国式现代化用实践去解答。现实是，在中国这样超大规模人口的国家实现现代化，目前国际上并没有先例可循、没有现成经验可搬、没有现成道路可走，这就决定了中国式现代化是一条独立自主、自力更生、艰苦卓绝的道路，艰巨性和复杂性前所未有。

另一方面，在现代化发展初期，中国共产党带领人民在短短数十年时间内实现了跨越式积累，用 70 多年时间走完了西方资本主义国家两三百年的现代化历程，但人口规模巨大加上现代化时间的高度压缩，导致各地区各领域发展不平衡不充分问题凸显，为持续推进中国式现代化进程带来了新挑战。同时，人口数量巨大，就业、住房、教育、医疗、社保等基本公共服务压力就大，也给现代化建设所需要的要素保障等带来严峻压力。

因此，人口规模巨大，决定了我国现代化必须是高度自立自强而不能是依附他人的现代化，必须走自己的路。大有大的难处。正是有难处，而我们能够解决好，才能彰显中国特色社会主义制度的优越性。

（四）人口规模巨大是中国式现代化的世界意义所在

中国式现代化无论是对发展中国家、世界社会主义，还是对全球和平发展事业等都具有格外重大的意义。中国式现代化将把全世界 18% 的人口带入现代化，将根本改变现代化的世界版图，这就使得中国式现代化不仅具有人类现代化一般意义上的发展性，而且更具特殊的意义和广泛影响力。我国的现代化既是最难的，也是最伟大的。迄今为止，世界上实现现代化的国家和地区不超过 30 个、总人口约为 10 亿人，不到全球人口的 1/7。可见，在中国这样一个超大规模的国家实现现代化，是一个世界性和世纪性难题，没有哪一个国家在十亿级以上人口规模上实现现代化，中国实现现代化意味着比现在所有发达国家和地区人口总和还要多的人口规模进入现代化序列。只要我们贯彻好党的二十大作出的重要部署，始终走符合中国国情的现代化道路，就一定能把中国发展进步的命运牢牢掌握在自己手中，也一定能为人类探索更好社会制度提供中国方案。

二、全体人民共同富裕

2018 年 9 月 21 日，习近平总书记在十九届中央政治局第八次集体学习时强调，如果在现代化进程中把农村 4 亿多人落下，到头来"一边是繁荣的城市、一边是凋敝的农村"，这不符合我们党的执政宗旨，也不符合社会主义的本质要求。这样的现代化是不可能取得成功的！2021 年 8 月 17 日，习近平总书记在中央财经委员会第 10 次会议上指出，共同富裕是全体人民共同富裕，是人民群众物质生活和精神生活都富裕，不是少数人的富裕，也不是整齐划一的平均主义。2022 年 10 月 23 日，在党的二十届一中全会上，习近平总书记指出，要把促进全体人民共同富裕摆在更加突出的位置。

（一）共同富裕是中国特色社会主义的本质要求

党的二十大报告指出，中国式现代化是全体人民共同富裕的现代化。共同富裕是中国特色社会主义的本质要求，也是一个长期的历史过程。这精辟阐明了我们推进现代化的根本目的和鲜明指向，凸显了中国式现代化的社会主义性质。

实现全体人民共同富裕，既是中国特色社会主义的本质要求，也是中国式现代化的重要特征，贯穿于中国特色社会主义伟大事业发展进程之中。中国共产党领导中国人民对共同富裕进行了持续探索。毛泽东在社会主义革命和建设时期就曾指出，"这个富，是共同的富，这个强，是共同的强，大家都有份"。[1] 进入改革开放和社会主义现代化建设新时期，邓小平指出："社会主义最大的优越性就是共同富裕，这是体现社会主义本质的一个东西。"[2]"社会主义的本质，是解放生产力，发展生产力，消灭剥削，消除两极分化，最终达到共同富裕。"[3] 党的十八大以来，中国共产党领导中国人民在共同富裕道路上奋勇前进，打赢了人类历史上规模最大的脱贫攻坚战，历史性地解决了绝对贫困问题，为实现共同富裕奠定了坚实基础，充分体现了"共同富裕是中国特色社会主义的本质要求"。新时代新征程，大力推进中国式现代化，就要把实现人民对美好生活的向往作为现代化建设的出发点和落脚点，维护社会公平

---

[1] 《毛泽东文集》第六卷，人民出版社1999年版，第495页。
[2] 《邓小平文选》第三卷，人民出版社1993年版，第364页。
[3] 《邓小平文选》第三卷，人民出版社1993年版，第373页。

正义，使全体人民朝着共同富裕目标扎实迈进。

（二）共同富裕是人类文明发展中的难题

共同富裕是人类文明发展中的一大难题，也是世界各国面临的共同难题。迄今为止，还没有哪个国家完美地解决了这个问题。西方现代化以追求资本无限繁殖与剩余价值绝对化为根本逻辑，追求生产力的现代化，而忽略了对生产关系现代化的重视，从而导致了全球收入不平等、国家贫富分化、中产阶层塌陷、社会撕裂、政治极化、民粹主义泛滥等问题的出现。一些西方国家在社会财富不断增长的同时，长期存在贫富悬殊、两极分化问题。彼得森国际经济研究所的一份报告指出，自20世纪60年代以来，除去通货膨胀因素以后美国最低工资实际降低了30%，美国高收入家庭获得了持久的财富收益，最富有的1%人群财富增长35%。区别于西方"两极分化"的现代化，中国式现代化是全体人民共同富裕的现代化，坚持全体人民共同富裕而不是少数人富裕。党的十八大以来，以习近平同志为核心的党中央把握新发展阶段新变化，对共同富裕作出全面擘画、系统设计，明确了时间表、路线图，取得新成效，为促进共同富裕创造了良好条件。

（三）实现共同富裕是一项艰巨的长期任务

共同富裕是一个长远目标，等不得，也急不得，不能把它看作马上可以做成的事，但也要看到促进共同富裕是当前一项重要任务。我国仍处于社会主义初级阶段，各地区推动共同富裕的基础和条件不尽相同，我们对实现共同富裕的长期性、艰巨性、复杂性要有充分估计。在全面建设社会主义现代化国家新征程上，必须坚持尽力而为、量力而行，把保障和改善民生建立在经济发展和财力可持续的基础上；必须坚持循序渐进，鼓励各地因地制宜探索有效路径，脚踏实地、久久为功，不断满足人民日益增长的美好生活需要，稳步朝着共同富裕目标迈进。

习近平总书记强调，幸福生活都是奋斗出来的，共同富裕要靠勤劳智慧来创造。现在，已经到了扎实推动共同富裕的历史阶段。只要亿万人民积极投身中国式现代化的伟大实践，以实干创实绩、以奋斗促富裕，全体人民共同富裕的目标一定能如期实现。

（四）把促进全体人民共同富裕摆在更加突出的位置

中国式现代化要达到共同富裕的目标，一方面要实现社会生产力高度发展，另一方面要让发展成果由全体人民共享，满足人民对美好生活的需要。当然，共同富裕决不是少数人或部分人的富裕，而是全体人民的富裕。积极鼓励辛勤劳动、合法经营、创业创新致富，允许一部分人先富起来，先富带后富、帮后富，逐步实现共同富裕。推进共同富裕决不能通过"劫富济贫"来实现，而是通过不断改革与完善收入分配制度，构建初次分配、再分配、三次分配协调配套的基础性制度安排。共同富裕不是所有人同样富裕，也是有一定差别的。共同富裕也不是同时同步富裕，不是整齐划一的平均主义，不能要求所有地区、所有人同时富裕。而是依据不同阶段的目标，通过共同努力、共同奋斗、共同发展来共同分享整个国家进步的成果。

三、物质文明和精神文明相协调

2013 年 4 月 28 日，在同全国劳动模范代表座谈时，习近平总书记指出，实现我们的发展目标，不仅要在物质上强大起来，而且要在精神上强大起来。2020 年 10 月 29 日，在党的十九届五中全会第二次全体会议上，习近平总书记指出，我国现代化坚持社会主义核心价值观，加强理想信念教育，弘扬中华优秀传统文化，增强人民精神力量，促进物的全面丰富和人的全面发展。2022 年 8 月16 日，在辽宁考察时，习近平总书记强调，中国式现代化是物质文明和精神文明相协调的现代化，要弘扬中华优秀传统文化，用好红色文化，发展社会主义先进文化，丰富人民精神文化生活。

（一）物质富足、精神富有是社会主义现代化的根本要求

党的二十大报告指出，中国式现代化是物质文明和精神文明相协调的现代化。物质文明是国家现代化的物质基础，精神文明是国家现代化的文化支撑，对于国家现代化而言，二者缺一不可。

纵观世界各国的现代化建设实践，不少国家在实现物的全面丰富的同时，却陷入人的单向度发展的困境。在一些发达国家，物质主义膨胀、享乐主义盛行、贫富分化严重；一些后发现代化国家社会撕裂、政治极化、民粹主义泛滥。相伴而生的，是精神空虚、信仰动摇、价值观迷失等严峻问题。究其原因，很重要的一点就是没能以辩证、全面、平衡的观点正确处理物质文明和精神文明之间的

关系。

我们党在领导中国式现代化的进程中，深刻认识到"物质贫困不是社会主义，精神贫乏也不是社会主义"。改革开放以来，我们坚持一手抓物质文明建设，一手抓精神文明建设，努力实现物质文明和精神文明相协调。我们坚持公有制为主体、多种所有制经济共同发展，最大限度地解放和发展社会生产力，保持国民经济平稳健康可持续发展，不断夯实人民幸福生活的物质条件。我们大力发展社会主义先进文化，加强理想信念教育，培育和践行社会主义核心价值观，弘扬中华优秀传统文化，传承中华文明，增强人民精神力量，促进物的全面丰富和人的全面发展。

进入新时代以来，以习近平同志为核心的党中央致力于实现物质文明和精神文明相协调，把精神文明建设贯穿于现代化全过程、渗透在社会生活各方面：既促进物的全面丰富，又强调人的全面发展；既追求物质财富的富足，更强调精神状态的丰盈，突出思想的引领、文化的滋养、精神的支撑。只有全国各族人民物质生活和精神生活都改善，中国式现代化才能顺利向前推进。

（二）促进"物的全面丰富"

建设社会主义现代化强国，需要大力发展物质文明，归根到底要靠不断解放和发展生产力，创造出比资本主义国家更高的物质财富。以经济建设为中心，是大力发展社会生产力、促进物的全面丰富、推进中国特色社会主义伟大事业不断取得成功的必然要求。我们必须不断厚植现代化的物质基础，为实现民主更加健全、科教更加进步、文化更加繁荣、社会更加和谐、生态更加美好提供有力支撑。要牢牢扭住高质量发展这一全面建设社会主义现代化国家的首要任务，完整、准确、全面贯彻新发展理念，坚持社会主义市场经济改革方向，坚持高水平对外开放，坚持把发展经济的着力点放在实体经济上，推进新型工业化，全面推进乡村振兴，深入实施区域协调发展战略、区域重大战略、主体功能区战略、新型城镇化战略，坚持教育优先发展、科技自立自强、人才引领驱动，开辟发展新领域新赛道，不断塑造发展新动能新优势，加快建设现代化经济体系，加快构建新发展格局。

（三）广泛践行社会主义核心价值观

社会主义核心价值观是凝聚人心、汇聚民力的强大力量。全面建设社会主义现代化国家，比以往任何时候都更加需要思想的引领、文化的滋养、精神的支撑。我们必须广泛践行社会主义核心价值观，深化爱国主义、集体主义、社会主义教育，提高全社会文明程度，推动在全社会形成与社会主义现代化相适应的理想信念、道德观念、精神风貌。把社会主义核心价值观贯穿于各类教育领域、落实到教育教学和管理服务各环节，努力培养德智体美劳全面发展的社会主义建设者和接班人。

（四）弘扬中华优秀传统文化

优秀传统文化是一个国家、一个民族传承和发展的根本。在新的历史起点上，我们必须结合新的时代条件传承和弘扬中华优秀传统文化，展示中华民族的独特精神标识，更好构筑中国精神、中国价值、中国力量。坚持以习近平新时代中国特色社会主义思想为指导，更加自觉、更加主动地推动中华优秀传统文化创造性转化、创新性发展，不断赋予优秀传统文化新的时代内涵和现代表达形式，激活其生命力，增强其影响力和感召力。

（五）促进"人的全面发展"

坚持以人民为中心的发展思想，要求我们必须坚持把增进人民福祉、促进人的全面发展、朝着共同富裕方向稳步前进作为经济发展的出发点和落脚点，不断促进人的现代化。坚持以提高人的综合素质为基础，通过教育与生产劳动结合，提升人的科学文化素质、丰富人的精神世界、培养人的高尚道德情操，增强人的主体性。文化、体育、健康是人的全面发展的应有之义，坚持完善制度体系，切实促进社会公平正义，在文化惠民、全民健身、医疗卫生、生态环境、民主法治保障等方面，提供更多的公共产品和公共服务，更好满足人民群众对各项权益保障的新需求。

四、人与自然和谐共生

2020 年 9 月 30 日，在联合国生物多样性峰会上，习近平总书记强调，中国把生态文明建设放在突出地位，融入中国经济社会发展各方面和全过程，努力建设人与自然和谐共生的现代化。

2021 年 4 月 30 日，在十九届中央政治局第二十九次集体学习时，习近平总书记强调，我国建设社会主义现代化具有许多重要特征，其中之一就是我国现代化是人与自然和谐共生的现代化，注重同步推进物质文明建设和生态文明建设。2022 年 11 月 5 日，习近平总书记在《湿地公约》第十四届缔约方大会开幕式上发表致辞时强调，中国将建设人与自然和谐共生的现代化，推进湿地保护事业高质量发展。

（一）人与自然和谐共生是中国式现代化的鲜明特征

党的二十大报告将人与自然和谐共生作为中国式现代化的重要特征和本质要求之一，充分反映了我们党对现代化的认识达到新高度，对推动形成人与自然和谐共生的现代化建设新格局具有重要意义。

人与自然是共同体，无止境地向自然索取甚至破坏自然，必然会遭到大自然的报复。从国际上看，西方的现代化模式先天性地包含着资本主义制度本身无法克服的局限性，资本对利润无止境追逐，导致对自然无节制索取，在创造了极为丰裕物质财富的同时，也带来了难以想象的环境创伤。20 世纪 30 年代至 60 年代发生的"世界八大公害事件"，以极其惨烈的代价给人类敲响了警钟。

从国内看，人口规模巨大和现代化的后发性，决定了我国实现现代化将面临更强的资源环境约束。我国资源总量丰富，但人均资源占有量远低于世界平均水平。我国人均耕地面积不足世界平均水平的 1/2，宜居程度较高的土地面积只占我国陆地国土面积的

19%；人均淡水资源量仅为世界平均水平的1/4，且时空分布极不平衡；油气、铁、铜等大宗矿产的人均储量远低于世界平均水平，对外依存度高；人均森林面积仅为世界平均水平的1/5，近一半木材依赖进口。

我国作为14亿多人口的发展中大国，人口众多、资源相对不足、环境承载力较弱是当前的基本国情，生态环境状况尚未得到根本扭转，要整体迈入现代化，高消耗、高污染的发展模式是行不通的，资源环境的压力也是不可承受的。在科学总结规律以及长期探索和实践的基础上，中国式现代化摒弃了西方以资本为中心、物质主义膨胀、先污染后治理的现代化老路，开辟了人与自然和谐共生的现代化新路。

（二）牢固树立和践行"两山"理念

习近平总书记指出，我们既要绿水青山，也要金山银山。宁要绿水青山，不要金山银山，而且绿水青山就是金山银山。绿水青山就是金山银山遵循了自然生态环境发展规律，与中国生态文明发展的客观实际相符合，是实现可持续发展的内在要求，更是推进中国社会主义现代化建设的重大原则。

人类作为自然界的一部分，必须尊重自然规律，取之有道；反之，违背自然规律、一味消耗索取只会威胁到人类自己。我们要坚持绿水青山就是金山银山导向。历史反复证明，没有绿水青山，再多的金山银山都会付诸东流。我们要积极调节"绿水青山"和"金山银山"之间的矛盾关系，推进经济社会绿色转型升级，避免走先污染再治理的老路，在满足人们正常生活、生产的需求上推动经济科学、绿色、健康的发展。始终坚持在发展中保护，在保护中发展，坚定不移走生态优先的绿色发展道路，以习近平生态文明思想引领生态实践，更好地践行绿水青山就是金山银山，不断开创现代化建设的绿色发展之路。

（三）守好良好生态环境这个最普惠的民生福祉

党的十八大以来，以习近平同志为核心的党中央大力推进生态文明建设、美丽中国建设，坚持以生态文明建设更好满足人民日益增长的美好生活需要为出发点和落脚点，更好满足新时代人民对良好生态环境、清洁生产空间和绿色生态产品的新诉求。我们"深入推进环境污染防治，坚持精准治污、科学治污、依法治污，持续深入打好蓝天、碧水、净土保卫战"。坚持从污染源头开展防控，重点推进城乡居住环境污染防治，满足人民群众对美好生活的向往。我们在生态环境治理中，推进山水林田湖草沙一体化保护和系统治理，提升生态系统的质量和稳定性，从整体上推进生态环境持续向好发展。我们在经济社会发展绿色化、低碳化过程中，协调推动人民群众绿色低碳发展方式与生活方式的形成，积极稳妥推进"双碳"目标，为人民群众创造绿色生产生活环境。

（四）提升生态系统多样性、稳定性、持续性

大自然是包括人在内的一切生物的摇篮，人与自然是生命共同体。提升生态系统多样性、稳定性、持续性，要实施重要生态系统

保护和修复重大工程、山水林田湖草沙一体化保护和修复工程。完善以国家公园为主体的自然保护地体系，构筑生物多样性保护网络，加大珍稀濒危野生动植物保护拯救力度，加强生物遗传资源保护和管理，严格外来入侵物种防控。完善生态监测网络，推行草原森林河流湖泊湿地休养生息，强化生态保护监管。组织开展生态环境领域科技攻关和技术创新，构建服务型科技创新体系。建立生态产品价值实现机制，完善生态保护补偿制度，保障重要生态系统和重要生态区域安全的同时，促进区域间绿色发展惠益共享。

（五）实行最严格的生态环境保护制度

党的十八大以来，以习近平同志为核心的党中央以前所未有的力度抓生态文明建设，将制度建设作为推进生态文明建设的重中之重，用最严密法治保护区域性生态环境，建设人与自然和谐共生的美丽中国，实现中华民族永续发展。

不断健全完善法治体系，加强党对生态文明建设的全面领导，将生态文明写入宪法，累计出台关于生态环境领域的法律30多部，构成了覆盖面广、务实高效、严格严密的生态环境保护法律体系。提升监管执法效能，坚持有法必依、执法必严、违法必究，坚持以人民群众反映强烈的突出生态环境问题为重点，开展监督与执法，严惩重罚环境污染、生态破坏等环境违法行为。推进生态环境法治监督体系，落实行政执法责任制和责任追究制度，有效防范和震慑区域内污染环境、破坏自然资源等违法犯罪行为，提高生态环境污染和应诉案件办案质量和效率。强化社会监督，完善公众监督和举报反馈机制，畅通环保监督渠道，依法及时就地处理群众信访投诉和举报。

五、走和平发展道路

2018 年 6 月 27 日，在会见时任美国国防部长马蒂斯时，习近平总书记强调，中国人民要建设社会主义现代化强国，但我们坚持走和平发展道路，不会走扩张主义和殖民主义道路，更不会给世界造成混乱。2020 年 10 月 29 日，习近平总书记在党的十九届五中全会第二次全体会议上的重要讲话中指出，我国现代化强调同世界各国互利共赢，推动构建人类命运共同体，努力为人类和平与发展作出贡献。2022 年 9 月 16 日，习近平总书记在上海合作组织成员国元首理事会第二十二次会议上的讲话中指出，我们将坚持以中国式现代化实现中华民族伟大复兴，继续积极推动构建人类命运共同体，以中国新发展给世界带来新机遇，为世界和平与发展和人类文明进步贡献智慧和力量。

（一）走和平发展道路是中国式现代化的必然选择

党的二十大报告指出，我们坚定站在历史正确的一边、站在人类文明进步的一边，高举和平、发展、合作、共赢旗帜，在坚定维护世界和平与发展中谋求自身发展，又以自身发展更好维护世界和平与发展。

走和平发展道路，来源于中华民族崇尚和平的文化基因。"和而不同"是中华文化的内在特质。中华民族自古讲究"和为贵"，遵奉"和合"理念，对和平、和睦、和谐的追求深深植根于中华民族的精神世界之中。1840年鸦片战争后，中华民族遭受了前所未有的劫难。这一段被侵略、被奴役的历史记忆，让我们更加深刻懂得和平的珍贵，因而绝不会把自身曾遭遇的苦难强加于他人。

走和平发展道路，来源于对实现中国发展目标条件的深刻认知。如期实现第二个百年奋斗目标、让有14亿多人口的中国整体迈入现代化行列，必须营造一个和平的外部环境。这就要求我们立足基本国情，保持战略定力，坚定不移走和平发展道路，努力营造和平稳定的国际环境。

走和平发展道路，来源于对世界发展大势的准确把握。曾经作为现代化先行者的"西方式现代化"，其本质是资本主义现代化，是通过战争、殖民、掠夺等方式实现现代化的老路，给广大发展中国家人民带来了深重苦难。当前，建设持久和平、共同繁荣的世界，是各国人民的共同愿望。长期以来，我们坚持对话而不对抗、结伴而不结盟，走出了一条通过合作共赢实现共同发展、和平发展的现代化道路。

走和平发展道路，也是由中国共产党性质宗旨和我国社会主义制度性质所决定的。中国共产党是马克思主义政党。中国共产党始终把为人类作出新的更大贡献作为自己的使命之一。社会主义中国对内追求公平正义、共同富裕、社会和谐，对外主持公道、捍卫公理、伸张正义。因此，坚持走和平发展道路，是中国式现代化的必然选择。

（二）新时代走和平发展道路具有丰富内涵

习近平总书记围绕新时代为什么必须坚持走和平发展道路、如何继续走好和平发展道路等一系列重大理论和实践问题作出重要论述，这些重要论述内涵丰富。

首先，坚持走和平发展道路，要坚持以相互尊重、合作共赢为基础。和平发展道路能不能走得通，很大程度上要看我们能不能把世界的机遇转变为中国的机遇，把中国的机遇转变为世界的机遇，在中国与世界各国良性互动、互利共赢中开拓前进。要在宏阔时空中把握好民族复兴和人类进步的重大命题，在世界大局和时代潮流中把握中国前进方向、促进各国发展。

其次，坚持走和平发展道路，要推动各国共同走和平发展道路。和平发展是国际社会大家的事，是各国共同的责任。只有各国共谋和平、共护和平，才能共享和平。把中国的和平发展同世界的和平发展紧密相连，是对走和平发展道路理论内涵的重要发展，既为我国和平发展争取更多外部理解和支持，又凝聚国际社会致力于和平发展的共识和力量，为我国走和平发展道路开辟更加广阔的空间。

最后，坚持走和平发展道路，必须坚守维护国家核心利益的底线。习近平总书记强调，任何外国不要指望我们会拿自己的核心利益做交易，不要指望我们会吞下损害我国主权、安全、发展利益的苦果。维护中国国家利益与促进世界和平发展是辩证统一的。中国主权、安全、发展利益和民族尊严绝不允许任何势力侵犯，同时任何力量也不能动摇我们坚持和平发展的信念。

（三）走和平发展道路的现代化为人类文明进步作出巨大贡献

中国式现代化造福中国、利好世界，不仅使中国在短短几十年时间内成为"世界现代化的增长极"，也创造了人类文明新形态，为人类和平与发展的崇高事业作出巨大贡献。

为维护世界和平展现中国担当。新中国成立70多年来，中国没有主动挑起过任何一场战争和冲突，没有侵占过别国一寸土地。中国积极参与国际军控、裁军和防扩散进程，反对军备竞赛，维护全球战略平衡与稳定，是派遣维和人员最多的安理会常任理事国和联合国第二大维和摊款国。中国恪守客观公正，坚持对话协商方式，积极参与解决朝鲜半岛、伊朗核、阿富汗等热点问题。坚持真正的多边主义，在全球安全治理中发挥建设性作用，凝聚共识、加强团结、汇聚合力，合作抗击新冠疫情，共同应对地区争端和恐怖主义、气候变化、网络安全、生物安全等全球性问题。中国始终不渝奉行独立自主的和平外交政策，坚持在和平共处五项原则基础上同各国发展友好合作关系，维护国际关系基本准则，维护国际公平正义，坚定做世界和平的维护者。

为促进共同发展作出中国贡献。中国经济连续多年保持稳定增长，近10年对世界经济增长的平均贡献率超过30%。中国倡导创立亚洲基础设施投资银行和金砖国家开发银行，开创发展中国家组建多边金融机构的先河。作为全球减贫与发展事业的倡导者、推动者和践行者，中国积极支持和帮助广大发展中国家特别是最不发达国家消除贫困。中国构建并不断扩大面向全球的高标准自由贸易区网络，已成为140多个国家和地区的主要贸易伙伴，推动《区域全面经济伙伴关系协定》生效实施，举办国际进口博览会，同世界各国分享发展机遇。中国提出共建"一带一路"倡议，携手各方打造当今世界范围最广、规模最大的国际合作平台。

为人类文明进步提供中国方案。面对"世界向何处去、人类怎么办"的时代之问，习近平总书记提出构建人类命运共同体重大理念，引领时代潮流和人类前进方向。提出坚守和弘扬和平、发展、公平、正义、民主、自由的全人类共同价值，为加强国际社会团结提供了共同价值纽带。提出全球发展倡议、全球安全倡议、全球文明倡议，为推动全球迈向平衡协调包容发展新阶段、迈向持久和平普遍安全的康庄大道贡献中国方案。中国将继续发挥负责任大国作用，为世界注入更多稳定性确定性，以中国智慧和中国方案为破解全球性问题注入新思想新理念，携手各国推动构建人类命运共同体走深走实。

第 四 章

始终要遵循的本质要求

党的二十大报告指出："中国式现代化的本质要求是：坚持中国共产党领导，坚持中国特色社会主义，实现高质量发展，发展全过程人民民主，丰富人民精神世界，实现全体人民共同富裕，促进人与自然和谐共生，推动构建人类命运共同体，创造人类文明新形态。"[①] 这一重大创新性论断的提出，系统阐释了中国在推进社会主义现代化进程中必须遵循的基本逻辑和经由的实现路径，为坚定不移走中国式现代化道路、以中国式现代化全面推进中华民族伟大复兴提供了根本遵循。

一、坚持中国共产党领导

坚持中国共产党领导是对中国式现代化领导力量的本质要求，这一条居于首要位置，彰显领导优势，起根本保证作用。中国式现

---

① 《党的二十大报告辅导读本》，人民出版社 2022 年版，第 21 页。

代化所具有的五大特色，从根源上来讲在于中国式现代化是中国共产党领导的社会主义现代化。"中国特色社会主义最本质的特征是中国共产党领导，中国特色社会主义制度的最大优势是中国共产党领导，中国共产党是最高政治领导力量，坚持党中央集中统一领导是最高政治原则。"① 党的领导直接关系中国式现代化的根本方向、前途命运、最终成败。

（一）党的领导决定中国式现代化的根本性质

现代化是人类的共同事业，现代化由什么性质的政党领导直接决定了现代化的性质和发展方向。中国共产党的性质宗旨、初心使命、信仰信念、政策主张，决定了中国式现代化是社会主义现代化，而不是别的什么现代化。坚持中国共产党领导，是中国式现代化最鲜明的特征和最突出的优势，是推进中国式现代化必须坚持的最高原则。只有毫不动摇坚持党的领导，中国式现代化才能前景光明、繁荣兴盛；否则就会偏离航向、丧失灵魂，甚至犯颠覆性错误。

（二）党的领导确保中国式现代化锚定奋斗目标行稳致远

把我国建设成为社会主义现代化国家，是中国共产党矢志不渝的奋斗目标。正是在党的领导下，中国人民取得了新民主主义革命、社会主义革命和建设、改革开放和社会主义现代化建设、中国

---

① 《党的二十大报告辅导读本》，人民出版社 2022 年版，第 6 页。

特色社会主义新时代的伟大成就，创造了中国式现代化道路，推进和拓展了中国式现代化理论和实践，使中华民族迎来了从站起来、富起来到强起来的伟大飞跃。历史和现实都证明：中国共产党是中国式现代化理论和实践的开创者和领导者，是中国式现代化各项事业的统领者和开拓者。不管形势和任务如何变化，不管遇到什么样的惊涛骇浪，把握历史主动、锚定奋斗目标的中国共产党，始终确保中国式现代化沿着社会主义方向坚定前行。

（三）党的领导激发建设中国式现代化的强劲动力

推进中国式现代化，是一项前无古人的开创性事业，需要持续探索创新。在这个过程中，必然会遇到各种可以预料和难以预料的风险挑战、艰难险阻甚至惊涛骇浪。中国共产党勇于自我革命、勇于改革创新，在伟大社会革命和自我革命同向发力中不断开拓和推进中国式现代化，统筹推进各领域各方面改革，不断推进理论创新、制度创新、科技创新、文化创新以及其他各方面创新，坚决破除一切不合时宜的思想观念和各方面体制机制弊端，突破利益固化的藩篱，为中国式现代化注入不竭动力。

（四）党的领导凝聚建设中国式现代化的磅礴力量

现代化说到底，是人的现代化。中国式现代化是以人民为中心的现代化，致力于全体人民共同富裕和人的全面发展。中国共产党在探索现代化道路的过程中始终坚持党的群众路线，坚持发展为了人民、发展依靠人民、发展成果由人民共享，能够让现代化建设成果更多更公平惠及全体人民，充分激发全体人民的主人翁精神，为建设中国式现代化凝聚起磅礴力量。

二、坚持中国特色社会主义

坚持中国特色社会主义是对中国式现代化旗帜方向的本质要求，彰显道路优势，起方向引领作用。坚持和发展中国特色社会主义是改革开放以来中国共产党的全部理论和实践的主题，从理论和实践结合上回答了在我国这样一个具有 5000 多年文明的东方大国，实现什么样的现代化、怎样实现现代化这个重大问题。推进中国式现代化，必须高举中国特色社会主义伟大旗帜，沿着中国特色社会主义指引的方向前进。

（一）中国特色社会主义道路是实现中国式现代化的必由之路

习近平总书记指出："中国特色社会主义道路，是实现我国社会主义现代化的必由之路，是创造人民美好生活的必由之路。"[1] 这条道路既坚持以经济建设为中心，又坚持四项基本原则、坚持改革开放；既追求全面发展，又注重协调发展；既促进人的全面发展，又实现全体人民共同富裕；既发展自身，又造福世界，是以中国式现代化全面推进中华民族伟大复兴的唯一正确道路。这条道路既符

---

[1] 《习近平谈治国理政》第一卷，外文出版社 2018 年版，第 9 页。

合中国实际、反映中国人民意愿，又传承历史经验、适应时代发展
要求，不仅走得对、走得通，而且走得稳、走得好。推进中国式现
代化，必须坚持中国特色社会主义道路，既不走封闭僵化的老路，
也不走改旗易帜的邪路，坚持把国家和民族发展放在自己力量的基
点上、把中国发展进步的命运牢牢掌握在自己手中。

（二）中国特色社会主义理论体系是实现中国式现代化的正确
理论

习近平总书记指出，"中国特色社会主义理论体系归根到底是
以马克思主义基本理论为指导的"[1]，是把这些基本理论同中国具体
实际相结合、同中华优秀传统文化相结合的结果。这一理论体系深
深扎根于中国大地，贯穿着辩证唯物主义和历史唯物主义的世界
观方法论，既坚持科学社会主义基本原则，又具有鲜明的实践特
色、民族特色和时代特色；既为坚持和发展中国特色社会主义提供
了根本理论指导和强大精神力量，又为世界贡献了独具魅力的思想
理论成果。中国特色社会主义理论体系是指导党和人民以中国式现
代化全面推进中华民族伟大复兴的正确理论，是立于时代前沿、与
时俱进的科学理论。作为中国特色社会主义理论体系的重要组成部
分，习近平新时代中国特色社会主义思想是当代中国马克思主义、
二十一世纪马克思主义，是中华文化和中国精神的时代精华，科学
回答了中国之问、世界之问、人民之问、时代之问，为实现中国式

---

[1] 中共中央宣传部编：《习近平总书记系列重要讲话读本（2016年版）》，学习出
版社、人民出版社2016年版，第34页。

现代化提供了强大的理论武器和科学的行动指南。

（三）中国特色社会主义制度是实现中国式现代化的根本制度保障

中国特色社会主义制度，是我们党在推进社会主义制度自我完善和发展过程中，在经济、政治、文化、社会等各领域形成的一整套相互衔接、相互联系的制度体系，具有鲜明中国特色、明显制度优势、强大自我完善能力。中国特色社会主义制度是中国式现代化的根本制度保障，也是中国式现代化的显著制度优势，是中国式现代化保持社会主义性质、取得巨大成就的根本原因。要走好全面建设社会主义现代化国家的新征程，如期实现第二个百年奋斗目标，必须加强根本制度、基本制度和重要制度之间的衔接联动，推动中国特色社会主义制度更加成熟定型，不断为中国式现代化提供制度保障，以高效能国家治理推动中国式现代化。

（四）中国特色社会主义文化是实现中国式现代化的强大精神力量

文化是一个民族、一个国家生存和发展的精神根基，文化兴则国运兴，文化强则民族强。中国特色社会主义是全面发展、全面进步的伟大事业，没有社会主义文化繁荣发展，就没有社会主义现代化。中国特色社会主义文化是坚持中国特色社会主义的重要组成部分，也是全面建设社会主义现代化国家的重要力量支撑。中国特色社会主义文化积淀着中华民族最深沉的精神追求，代表着中华民族独特的精神标识，为推进中国式现代化注入源源不断的精神动能。

三、实现高质量发展

中国式现代化是立体式全方位的现代化。高质量发展是全面建设社会主义现代化国家的首要任务。我们要建设的是富强民主文明和谐美丽的社会主义现代化强国，要求统筹物质文明、政治文明、精神文明、社会文明、生态文明协调发展。实现高质量发展是对中国式现代化经济建设的本质要求。

（一）实现高质量发展是厚植中国式现代化物质基础的必然要求

党的二十大报告强调，高质量发展是全面建设社会主义现代化国家的首要任务。发展是党执政兴国的第一要务。没有坚实的物质基础，就不可能全面建成社会主义现代化强国。实现高质量发展，是关系现代化建设全局的一场深刻变革，不再简单以生产总值增长率论英雄，而是要实现创新成为第一动力、协调成为内生特点、绿色成为普遍形态、开放成为必由之路、共享成为根本目的。当前，全球科技、产业变革正面临新一轮发展，为我国发展带来战略新机遇。在此背景下，需实现更高质量、更有效率、更加公平、更可持续、更为安全的发展，为全面建成社会主义现代化强国提供坚实的物质基础。

（二）实现高质量发展是推进中国式现代化的时代要求

改革开放以来，我们始终将发展作为解决一切问题的基础和关键，从发展是硬道理到发展是执政兴国第一要务、从科学发展观到新发展理念，我们党的发展理念随着发展阶段、发展任务的变化，不断与时俱进、丰富创新。进入新时代，我国社会主要矛盾已经转化为人民日益增长的美好生活需要和不平衡不充分的发展之间的矛盾，发展中的矛盾和问题更多体现在发展质量上。因此，党的十八届五中全会提出创新、协调、绿色、开放、共享的新发展理念，党的十九大指出我国经济已由高速增长阶段转向高质量发展阶段，党的十九届五中全会围绕以推动高质量发展为主题，加快构建以国内大循环为主体、国内国际双循环相互促进的新发展格局部署工作。党的二十大把高质量发展明确作为全面建设社会主义现代化国家的首要任务，进一步凸显了发展质量的全局性和长远意义。

四、发展全过程人民民主

发展全过程人民民主是中国式现代化中政治建设领域的本质要求，既体现出鲜明的中国特色，又承载了全人类对民主的共同追求，是推进中国式现代化的有力政治保障。

（一）发展全过程人民民主是中国式现代化的本质要求

中国式现代化与资本主义现代化有着本质的不同。资本主义现代化以生产资料资本主义私有制为基础，是以资本为中心的现代化，其本质是为了维护资产阶级统治。中国式现代化以生产资料社会主义公有制为基础，是以人民为中心的现代化，是不断实现好、维护好、发展好最广大人民根本利益，坚定不移推进全体人民共同富裕的社会主义现代化。习近平总书记强调："民主不是装饰品，不是用来做摆设的，而是要用来解决人民需要解决的问题的。"[①] 民主好不好，要看能不能让人民过上好日子。全过程人民民主真正实现了发展为了人民、发展依靠人民、发展成果由人民共享。据相关统计，党的十九大以来的 5 年间，国务院各部门累计采纳代表和委员意见建议 1.8 万多条，出台相关政策措施 7800 多项，推动解决了一大批关系改革发展和人民群众急难愁盼的问题。因此，中国式现代化必然时刻坚持人民立场、践行以人民为中心的发展思想，必然始终坚持人民主体地位，必然始终把人民利益摆在至高无上的地位，持之以恒发展全过程人民民主。

（二）发展全过程人民民主是推进中国式现代化的政治保障

习近平总书记指出："人民是我们党执政的最大底气，是我们共和国的坚实根基，是我们强党兴国的根本所在。"[②] 人民当家作主

①《习近平谈治国理政》第四卷，外文出版社 2022 年版，第 258 页。
②《习近平谈治国理政》第三卷，外文出版社 2020 年版，第 137 页。

是社会主义民主政治的本质和核心，是中国共产党矢志不渝的奋斗目标。发展全过程人民民主就是要保障人民当家作主。中国共产党始终高举人民民主的旗帜，支持和保证人民当家作主，不断发展社会主义民主政治，始终保持着同人民群众的血肉联系，充分体现人民意志，有力保障人民权益，赢得了人民群众的信任和支持。2022年，美国知名公关公司爱德曼发布信任度调查报告显示，过去一年中国民众对本国政府的信任度高达91%，在受访国家中排名第一。而美国民众对本国政府的信任度仅为39%，国家综合信任指数同比下降5个百分点，跌至43%。这种直观的对比表明，发展全过程人民民主有利于实现人民民主和国家意志的统一，保证人民当家作主，从而不断巩固中国式现代化的政治基础。

（三）发展全过程人民民主是凝聚民力推进中国式现代化的重要法宝

人民民主的真谛在于通过发扬民主、集思广益来实现思想统一和力量凝聚。正如习近平总书记所说："在中国社会主义制度下，有事好商量，众人的事情由众人商量，找到全社会意愿和要求的最大公约数，是人民民主的真谛。"[1] 十四届全国人大代表共2977名，来自各地区、各行业、各领域、各民族，其中基层群众占有相当比例，一线工人、农民代表有497名。

中国共产党领导人民发展全过程人民民主，不仅体现在民主选

---

[1] 《习近平谈治国理政》第二卷，外文出版社2017年版，第292页。

举方面，还体现在民主协商、民主决策、民主管理、民主监督等国家治理多个环节。越来越多的普通民众以多种途径和形式参与国家和地方民主决策。根据全国人大常委会工作报告，5年来，共有154件次法律草案向社会公布征求意见，109万多人次参与，有效促进了立法质量和效率的提升。民主监督是全过程人民民主的重要一环。中国通过全面有效的民主监督，保证人民的民主权利不因选举结束而中断，保证权力运用得到有效制约。其中，人民代表大会充分发挥作用，对宪法法律的实施、重大决策部署的落实等开展监督。2018年起，全国人大常委会聚焦生态环保领域的突出问题，连续5年开展执法检查，2022年开展了长江保护法执法检查，推动了更好依法保护母亲河。

发展全过程人民民主不仅体现在政治领域，还广泛深入到经济、文化、社会等多个领域。2022年11月，围绕立法法修正草案，上海市长宁区虹桥街道基层立法联系点通过互联网征询意见、举行座谈会，形成的45条建议直达全国人大常委会法工委。此外，十四届全国政协增设环境资源界别。此举可发挥政协专门协商机构作用，为推进生态文明建设集聚众智、汇聚众力。34个界别的2000多名政协委员基本涵盖各领域各方面。

发展全过程人民民主，就是把人民当家作主具体、现实地体现到中国共产党治国理政的政策措施上来，体现到各个方面、各个层级的工作上来，体现到实现人民对美好生活向往的工作上来。只有这样，才能持续凝聚推进中国共产党领导的社会主义现代化建设事业的磅礴力量。

五、丰富人民精神世界

丰富人民精神世界是对中国式现代化文化建设的本质要求，彰显了精神文明和精神力量对中国式现代化的重要价值，彰显了中国式现代化的精神维度。

（一）丰富人民精神世界是中国式现代化的重要内涵和本质要求

习近平总书记指出："物质富足、精神富有是社会主义现代化的根本要求。物质贫困不是社会主义，精神贫乏也不是社会主义。"[①] 中国式现代化不仅只有物质文明的发展，还有日益丰富的精神世界。中国式现代化不仅需要物质财富的极大丰富，还需要精神财富的极大丰富。离开精神文明进步片面追求物质文明发展，不是真正的社会主义现代化，不符合社会全面进步的要求。随着中国式现代化不断向深度发展，人民精神世界必将顺应时代发展焕发出更加蓬勃的生命力，中国精神、中国话语、中国价值必将彰显出璀璨时代魅力和深远国际影响力。

（二）丰富人民精神世界是推进中国式现代化的文化力量

习近平总书记指出："满足人民过上美好生活的新期待，必须提供丰富的精神食粮"[②]，让人民享有更加充实、更为丰富、更高质

---

① 《党的二十大报告辅导读本》，人民出版社 2022 年版，第 20—21 页。
② 《习近平谈治国理政》第三卷，外文出版社 2020 年版，第 34 页。

量的精神文化生活。新时代新征程，人民对美好生活的向往愈加强烈，积极渴求更加充实、更为丰富、更高质量的文化生活，迫切需要多元化、精准化、时代化的文化供给。同时要看到，我们比以往任何时候都更接近实现中华民族伟大复兴的目标，也更加需要思想的引领、文化的滋养、精神的支撑。只有精神世界不断丰富、精神力量不断增强、人民精神需求不断满足，人民的主体性和创造性得到充分激发，以中国式现代化全面推进中华民族伟大复兴才有源源不断的精神力量，才能形成团结奋斗的强大凝聚力和向心力。丰富人民精神世界，既鲜明昭示了中国式现代化的目标指向，又揭示了中国式现代化接续推进的内在文化力量。

六、实现全体人民共同富裕

实现全体人民共同富裕是对中国式现代化的本质要求。2012年11月15日，习近平总书记在十八届中央政治局常委同中外记者见面时强调，人民对美好生活的向往就是我们的奋斗目标，要坚定不移走共同富裕的道路。党的十九大报告指出，中国特色社会主义进入新时代，这个新时代是"全国各族人民团结奋斗、不断创造美好生活、逐步实现全体人民共同富裕的时代"。党的二十大报告将实现全体人民共同富裕纳入中国式现代化的本质要求，并对扎实推进共同富裕作出重要战略部署。

（一）共同富裕是中国式现代化的重要特征

习近平总书记指出："共同富裕是社会主义的本质要求，是中国式现代化的重要特征。"[①] 这个特征使得中国式现代化显著区别于西方资本主义国家的现代化。资本主义国家的现代化之所以不可能实现共同富裕，根本原因在于资本主义私有制和剥削制度的存在，趋利的本性使资本家不可能与劳动者共享劳动成果和社会财富。我国实行社会主义公有制，生产资料归全体人民共同所有，保证了现代化建设成果的公共性和共享性，保障了共同富裕的现实可能性和必然性。因此，中国共产党领导的中国式现代化，必然具有全体人民共同富裕这个重要特征，且内嵌于社会主义的本质、目标和原则之中，是社会主义制度优越性的重要体现。

（二）实现全体人民共同富裕体现了中国式现代化的根本立场

习近平总书记强调："中国式现代化是全体人民共同富裕的现代化，不能只是少数人富裕，而是要全体人民共同富裕"[②]。中国共产党的根本宗旨是全心全意为人民服务，始终把人民放在最高位置。共同富裕是人民群众的共同期盼，中国共产党推动经济社会发展，归根结底是要实现全体人民的共同富裕。社会主义现代化是人民至上的现代化，是全体人民不断走向共同富裕的现代化。全体人

---

① 习近平：《扎实推动共同富裕》，《求是》2021 年第 20 期。
② 《习近平在辽宁考察时强调　在新时代东北振兴上展现更大担当和作为　奋力开创辽宁振兴发展新局面》，《人民日报》2022 年 8 月 19 日。

民的共同富裕是中国式现代化的必然要求，也是社会主义现代化不同于其他国家现代化的根本标志。中国共产党在团结带领中国人民进行社会主义现代化建设过程中，始终坚持以人民为中心的根本立场，必须把促进全体人民共同富裕作为践行初心使命的着力点，不断夯实党长期执政基础。

七、促进人与自然和谐共生

促进人与自然和谐共生是对中国式现代化生态文明建设的本质要求，对筑牢中国式现代化绿色根基，实现中华民族永续发展具有重要意义。

（一）人与自然和谐共生彰显了中国式现代化的深刻内涵

人与自然和谐共生拓展了中国式现代化的理论内涵和实践内涵。中国式现代化，既要创造更多物质财富和精神财富以满足人民日益增长的美好生活需要，也要提供更多优质生态产品以满足人民日益增长的优美生态环境需要。人与自然的关系是人类社会最基本的关系。习近平总书记指出："自然是生命之母，人与自然是生命共同体，人类必须敬畏自然、尊重自然、顺应自然、保护自然。"[①]无止境地向自然索取甚至破坏自然，必然会遭到大自然的报复。从

----

① 习近平：《在纪念马克思诞辰 200 周年大会上的讲话》，人民出版社 2018 年版，第 21 页。

国际上看，尽管西方主要资本主义国家走上现代化道路具有先发性，但是这种模式包含着资本主义制度本身固有且无法消除的缺陷和狭隘，资本对利润无止境追逐导致对自然无节制索取，虽然创造了极为富裕的物质财富，但也带来了难以想象的环境破坏。从国内看，人口规模巨大和现代化的后发性，决定了我国实现现代化将面临更强的资源环境约束。我国作为14亿多人口的发展中大国，面临的基本国情是人口众多、资源相对不足、环境承载力较弱、生态环境状况尚未得到根本扭转，我们要整体进入现代化国家的行列，资源环境的压力空前巨大，如果还是走高消耗、高污染的发展道路，这显然是走不通的。因此，在科学总结规律以及长期探索和实践的基础上，中国式现代化摒弃了西方以资本为中心、物质主义膨胀、先污染后治理的现代化老路，开辟了人与自然和谐共生的现代化新路。

（二）促进人与自然和谐共生是中国式现代化的生态基础

新时代生态文明建设取得的历史性成就，为全面推进中国式现代化奠定了坚实的绿色根基。党的十八大以来，习近平总书记站在中华民族永续发展的高度，亲自谋划、亲自部署、亲自推动建设人与自然和谐共生的美丽中国，大力推动生态文明理论创新、实践创新、制度创新，系统形成习近平生态文明思想。在习近平总书记的掌舵领航下，我国生态环境保护发生历史性、转折性、全局性变化。如今，我国已经成为世界上空气质量改善最快的国家，全国地表水优良断面比例接近发达国家水平，全国土壤污染风险得到有效管控，人工林面积居世界首位，人民群众的生态环境获得感、幸福感、安全感不断增强。10年实践表明，人与自然和谐共生的现代化体现了中国式现代化与西方现代化的本质区别，有三方面：一是在理念上，中国坚持绿水青山就是金山银山，坚持尊重自然、顺应自然、保护自然，把这三者作为发展的内在要求；二是在道路和路径选择上，中国坚持在发展中保护，在保护中发展，坚持生态优先、绿色发展；三是在方法上，中国强调系统观念，坚持山水林田湖草沙一体化保护和系统治理，统筹产业结构调整、污染治理、生态保护、应对气候变化。新时代十年这一系列伟大成就的取得，进一步增强了美丽中国建设的历史自信和战略定力，为实现人与自然和谐共生的现代化提供了坚实基础。

八、推动构建人类命运共同体

推动构建人类命运共同体是中国式现代化中外向性的本质要求，赋予了中国式现代化崇高的时代使命。

2013年3月23日，习近平总书记在俄罗斯莫斯科国际关系学院发表演讲，首次提出了人类命运共同体理念。构建人类命运共同体理念经历了循序渐进、逐步完善的发展过程，形成一个立意高远、思想深邃、内涵丰富的理论体系。党的二十大报告将推动构建人类命运共同体明确为中国式现代化的本质要求之一，进一步阐明了新形势下构建人类命运共同体的时代意义、精神实质和实现路径，彰显了新时代中国外交的天下情怀，成为引领时代潮流和人类前进方向的鲜明旗帜。

（一）推动构建人类命运共同体是中国式现代化的不懈追求

马克思主义是中国共产党立党立国、兴党兴国的根本指导思想。推动构建人类命运共同体、创造人类文明新形态作为中国式现代化的本质要求，是中国共产党人运用辩证唯物主义和历史唯物主义，对世界之问、时代之问、历史之问作出的有力回答。这一重大理论创新，既充分体现了马克思主义世界历史思想、共同体思想的精髓，又充分反映了中国人民在长期生产生活中形成的宇宙观、天下观、社会观，呼应了当今世界各国人民的共同关切，是马克思主义中国化时代化的新发展，是中国共产党坚持古为今用、推陈出新、胸怀天下所形成的重大理论成果。中国共产党既是为中国人民谋幸福、为中华民族谋复兴的党，也是为人类谋进步、为世界谋大同的党。党的二十大报告对以中国式现代化全面推进中华民族伟大复兴作出重大战略部署，同时也就新征程上推动构建人类命运共同体发出时代号召，未来我们将坚定站在历史正确的一边、站在人类文明进步的一边，高举和平、发展、合作、共赢旗帜，在坚定维护世界和平与发展中谋求自身发展，又以自身发展更好维护世界和平与发展。

（二）推动构建人类命运共同体彰显中国式现代化的国际担当和世界贡献

当今世界面临百年未有之大变局，机遇与挑战并存。一方面，和平、发展、合作、共赢的历史潮流不可阻挡，人心所向、大势所趋决定了人类前途终归光明。另一方面，恃强凌弱、巧取豪夺、零和博弈等霸权霸道霸凌行径危害深重，和平赤字、发展赤字、安全赤字、治理赤字加重，人类社会面临前所未有的挑战，单边主义、"去全球化"严重威胁现行国际体系和国际秩序。面对世界百年未有之大变局，面对人类遭遇的共同挑战，中国坚守全人类共同价值，维护世界和平稳定；坚持多边主义，追求公平正义；坚持以国际法为准则，坚定维护以联合国为核心的国际体系、以国际法为基础的国际秩序；积极参与国际规则的制定，增强国际规则制定中的话语权，为完善全球治理贡献中国方案与中国力量。

九、创造人类文明新形态

创造人类文明新形态是中国式现代化在文明形态方面的本质要求。从建党百年之际首次提出"人类文明新形态"，到党的第三个历史决议强调"党领导人民成功走出中国式现代化道路，创造了人类文明新形态"，再到党的二十大将"创造人类文明新形态"作为中国式现代化本质要求的一个重要内容，我们党对人类文明新形态的认识和理解一以贯之、步步深入。

（一）深深植根于中华优秀传统文化

习近平总书记指出："西方很多人习惯于把中国看作西方现代

化理论视野中的近现代民族国家，没有从五千多年文明史的角度来看中国，这样就难以真正理解中国的过去、现在、未来。"① 中国是一个文渊文脉流淌不息的文明型国家，中华文化博大精深，包含着中华民族最根本的精神基因，积淀着中华民族最深层的精神追求，是中华民族共同的精神家园。其中，亲仁善邻、协和万邦是中华文明一贯的处世之道，惠民利民、安民富民是中华文明鲜明的价值导向，革故鼎新、与时俱进是中华文明永恒的精神气质，道法自然、天人合一是中华文明内在的生存理念。这些内嵌于中华 5000 多年文明、流淌在中国人血脉之中的文化基因，奠定了中国式现代化、人类文明新形态的精神之基，也是中国式现代化区别于西方现代化的文化底色，体现了中华文明发展的新高度。

（二）体现科学社会主义的先进本质

中国式现代化是科学社会主义先进要素、中国具体实际、中华优秀传统文化特色要素和现代化一般要素等相互作用的结果，其中起决定作用、居于首位的是科学社会主义这一本质属性。马克思主义认为，实践活动归根到底是人民群众的社会实践，而不可能是一小部分人的所谓"自主实践"。这便决定了科学社会主义在目的、路径、主体等方面必然具有鲜明的人民属性。中国式现代化是以马克思主义为指导、中国共产党领导的社会主义现代化。中国式现代化五个方面的中国特色，彰显了中国式现代化"增进人民福祉、推

---

① 习近平：《把中国文明历史研究引向深入　增强历史自觉坚定文化自信》，《求是》2022 年第 14 期。

动人的全面发展"的人民属性。中国式现代化是以人民为中心、防止两极分化的现代化，而不是以资本为中心、缺少公平正义的现代化。它始终坚持把实现人民对美好生活的向往作为现代化建设的出发点和落脚点，坚持依靠人民创造历史伟业。中国式现代化坚持以人民为中心的价值立场，把促进全体人民共同富裕作为目标，既促进物的全面丰富，也促进人的全面发展，这些都体现了科学社会主义的本质要求，超越了资本主义现代化的局限性。

（三）借鉴吸收一切人类优秀文明成果

习近平总书记指出："文明具有多样性，就如同自然界物种的多样性一样，一同构成我们这个星球的生命本源。"[1]文明的繁盛、人类的进步，离不开求同存异、开放包容，离不开文明交流、互学互鉴。中国人民崇尚"和而不同""兼容并蓄"，也深知"一花独放不是春，百花齐放春满园"。我们推进的中国式现代化，是在开放包容中形成的、能够有效解决人类社会发展问题的宝贵成果，超越了西方固有的单一线性、渐次发展的现代化模式。我们所创造的人类文明新形态，坚持胸怀天下，拓展世界眼光，以海纳百川的宽阔胸襟借鉴吸收人类一切优秀文明成果，共同推动构建人类命运共同体，描绘出和衷共济、天下大同的人类文明新图景。中国式现代化，秉持平等、互鉴、对话、包容的文明观，必将以文明交流超越文明隔阂，以文明互鉴超越文明冲突，以文明共存超越文明优越，

---

① 《习近平谈治国理政》第二卷，外文出版社 2017 年版，第 464 页。

为人类文明发展注入蓬勃生机。

（四）代表人类文明进步的发展方向

大道如砥，大势如潮。当前世界百年未有之大变局加速演进，世界之变、时代之变、历史之变的特征更加明显，人类社会面临前所未有的挑战。中国式现代化深刻回答了"世界向何处去"的世界之问，深刻影响了世界历史进程和世界现代化格局，引领着世界范围内人类文明发展的方向变化。站在人类文明何去何从的十字路口，习近平总书记从人类前途命运出发，着眼全球共同发展，提出构建人类命运共同体的重大理念，倡导命运与共、团结合作、多赢共赢，为构建美好世界提供了中国方案，推动人类文明永续繁荣发展。中国式现代化深刻回答了"人类怎么办"的时代之问。在推进现代化建设过程中，中国始终坚定站在历史正确的一边、站在人类文明进步的一边，深刻洞察人类发展进步潮流，积极回应各国人民普遍关切，不断"增进人类共同利益"，克服了"文明优越论""文明冲突论"与现实脱节的顽疾，体现了和平、发展、公平、正义、民主、自由的全人类共同价值，反映了世界各国人民祈望光明未来的共同利益和共同要求，在为人类谋进步、为世界谋大同的道路上迈出坚定的步伐。

（五）展现了不同于西方现代化模式的新图景

习近平总书记强调："中国式现代化，打破了'现代化＝西方化'的迷思，展现了现代化的另一幅图景，拓展了发展中国家走向现代化的路径选择，为人类对更好社会制度的探索提供了中国方案。"① 必须深刻认识到，世界上既不存在定于一尊的现代化模式，也不存在放之四海而皆准的现代化标准。新中国成立特别是改革开放以来，我们用几十年时间走完西方发达国家几百年走过的工业化历程，创造了举世瞩目的发展成就，为中华民族伟大复兴开辟了广阔前景，这充分表明：治理一个国家，推动一个国家实现现代化，并不只有西方制度模式这一条道，各国完全可以走出自己的道路来。中国式现代化开辟了发展中国家走向现代化的新路径，打破了只有西方资本主义道路才能实现现代化的神话，也用事实宣告了"历史终结论"的破产，宣告了各国最终都要以西方制度模式为归宿的单线式历史观的破产。

中国式现代化不是西方现代化的翻版，它具有中国特色、中国风格、中国气派。它坚持党的全面领导，坚定不移走中国特色社会主义道路，不走老路邪路、不犯颠覆性错误；它坚持人民立场，以人民为中心，始终代表最广大人民根本利益，从来不代表任何利益集团、任何权势团体、任何特权阶层的利益；它坚持中国立场，自主发展、自力更生，不走依附西方的发展之路，不拿自己的核心利益做交易；它坚持马克思主义历史观，从历史中走来，向着未来走去，继承历史遗产，赓续千年文脉，不搞历史虚无主义、文化虚无主义；它坚持人类立场，向全世界开放，与世界各国共赢，不搞单边主义、不搞丛林法则，致力于构建人类命运共同体，为建设美好

---

① 《习近平在学习贯彻党的二十大精神研讨班开班式上发表重要讲话强调　正确理解和大力推进中国式现代化》，《人民日报》2023 年 2 月 8 日。

世界贡献中国方案、中国智慧。

"中国式现代化蕴含的独特世界观、价值观、历史观、文明观、民主观、生态观等及其伟大实践，是对世界现代化理论和实践的重大创新。"①　实践没有止境，理论创新也没有止境。中国式现代化的本质要求，是在推进和拓展中国式现代化的伟大实践中深刻总结凝练出来的，必须长期坚持并结合强国复兴的新实践不断丰富发展。新征程上，我们要坚持马克思主义基本原理不动摇、坚持党的全面领导不动摇、坚持中国特色社会主义不动摇，紧跟时代步伐，顺应实践发展，不断拓展对中国式现代化本质要求认识的广度和深度，以更加积极的历史担当和创造精神，为推进中国式现代化理论创新与实践创新作出更大贡献。

---

① 《习近平在学习贯彻党的二十大精神研讨班开班式上发表重要讲话强调　正确理解和大力推进中国式现代化》，《人民日报》2023 年 2 月 8 日。

第 五 章

牢牢把握的重大原则

全面建设社会主义现代化国家，是一项伟大而艰巨的事业，前途光明，任重道远。因此，党的二十大报告提出了在建设现代化的前进道路上，必须牢牢把握坚持和加强党的全面领导、坚持中国特色社会主义道路、坚持以人民为中心的发展思想、坚持深化改革开放、坚持发扬斗争精神等五大原则。这五大原则涉及中国式现代化的领导力量、前进方向、根本立场、强大动力和重要遵循，必须牢牢把握、长期坚持。

一、坚持和加强党的全面领导

习近平总书记指出："党的领导直接关系中国式现代化的根本方向、前途命运、最终成败。"[①] 坚持和加强党的全面领导，就是要坚决维护党中央权威和集中统一领导，把党的领导落实到党和国家

---

① 《习近平在学习贯彻党的二十大精神研讨班开班式上发表重要讲话强调　正确理解和大力推进中国式现代化》，《人民日报》2023 年 2 月 8 日。

事业各领域各方面各环节，使党始终成为风雨来袭时全体人民最可靠的主心骨，确保我国社会主义现代化建设正确方向，确保拥有团结奋斗的强大政治凝聚力、发展自信心，集聚起万众一心、共克时艰的磅礴力量。

（一）坚决维护党中央权威和集中统一领导

"坚持和加强党的全面领导，首先要维护党中央权威和集中统一领导。"[①] 维护党中央权威和集中统一领导，是我国革命、建设、改革的重要经验，是党不断从胜利走向新的胜利的重要法宝，是一个成熟的马克思主义执政党的重大建党原则。

对我们这么大一个党、这么大一个国家而言，如果没有党中央一锤定音、定于一尊的权威和集中统一领导，党的理论和路线方针政策可以随意不执行，党中央决定了的事都不去照办，大家争论不休、各自为政、各行其是，想干什么就干什么，想不干什么就不干什么。那么，就无法保证国家统一、法制统一、政令统一、市场统一，无法实现经济发展、政治清明、文化昌盛、社会公正、生态良好，也没有办法顺利推进新时代中国特色社会主义各项事业。西方国家因为缺乏一个强有力的集中统一领导，陷入了议而不决、决而不行、相互掣肘的怪圈，党派纷争、内乱不止、相互倾轧、社会撕裂等弊端日益凸显。"中国之治"与"西方之乱"形成了鲜明对照。对此，习近平总书记形象地指出："在国家治理体系的大棋局中，

---

① 习近平：《论坚持党对一切工作的领导》，中央文献出版社 2019 年版，第 157 页。

党中央是坐镇中军帐的'帅'，车马炮各展其长，一盘棋大局分明。如果中国出现了各自为政、一盘散沙的局面，不仅我们确定的目标不能实现，而且必定会产生灾难性后果。"①

在全面建设社会主义现代化国家新征程上，要深刻领悟"两个确立"的决定性意义，坚决维护习近平总书记党中央的核心、全党的核心地位，坚决维护党中央权威和集中统一领导。

不断健全总揽全局、协调各方的党的领导制度体系，完善党中央重大决策部署落实机制，严格执行向党中央请示报告制度，确保全党在政治立场、政治方向、政治原则、政治道路上同党中央保持高度一致，确保党的团结统一。

强化党中央决策议事协调机构职能作用，加强党中央对重大工作的集中统一领导，确保党在各种组织中发挥领导作用。习近平总书记亲自担任了一些中央决策议事协调机构的负责人。

加强党的政治建设，严明政治纪律和政治规矩，落实各级党委（党组）主体责任，提高各级党组织和党员干部政治判断力、政治领悟力、政治执行力，防止和反对个人主义、分散主义、自由主义、本位主义和宗派主义。

坚持科学执政、民主执政、依法执政，贯彻民主集中制，创新和改进领导方式，提高党把方向、谋大局、定政策、促改革能力，调动各方面积极性，确保中国式现代化锚定奋斗目标行稳致远。

---

① 习近平：《论坚持党对一切工作的领导》，中央文献出版社 2019 年版，第 9 页。

（二）把党的领导落实到党和国家事业各领域各方面各环节

习近平总书记指出："党是我们各项事业的领导核心，古人讲的'六合同风，九州共贯'，在当代中国，没有党的领导，这个是做不到的。"① 我们党是按照马克思主义建党原则建立起来的，形成了包括党的中央组织、地方组织、基层组织在内的严密组织体系。在这个组织体系中，党中央是大脑和中枢，只有坚决维护党中央权威和集中统一领导，才能"如身使臂，如臂使指，叱咤变化，无有留难，则天下之势一矣"。这也是世界上任何其他政党都不具备的强大优势。

党的十八大以来，以习近平同志为核心的党中央，面对党内存在不少对坚持党的领导认识模糊、行动乏力，落实党的领导弱化、虚化、淡化、边缘化，对党中央重大决策部署执行不力，甚至口是心非、擅自行事等问题，以伟大的历史主动精神、巨大的政治勇气、强烈的责任担当，提出了一系列原创性思想、采取了一系列战略性举措，把坚持党的领导始终贯彻和体现到改革发展稳定、内政外交国防、治党治国治军各个领域各个方面各个环节，使党和国家各项事业均取得了历史性成就、发生了历史性变革。

"加强党对一切工作的领导，这一要求不是空洞的、抽象的，要在各方面各环节落实和体现。"② 在完善科技创新体系方面，要完善党中央对科技工作统一领导的体制；在深入实施人才强国战略方

---

① 习近平：《毫不动摇坚持和加强党的全面领导》，《求是》2021 年第 18 期。

② 习近平：《毫不动摇坚持和加强党的全面领导》，《求是》2021 年第 18 期。

面，要坚持党管人才原则；在积极发展基层民主方面，要健全基层
党组织领导的基层群众自治机制；在建设具有强大凝聚力和引领力
的社会主义意识形态方面，要牢牢掌握党对意识形态工作领导权；
在健全国家安全体系方面，要坚持党中央对国家安全工作的集中统
一领导；在人民军队现代化建设方面，要坚持党对人民军队的绝对
领导，确保枪杆子永远听党指挥；在增强党组织政治功能和组织功
能方面，要抓党建促乡村振兴，推进国有企业、金融企业在完善公
司治理中加强党的领导，加强新经济组织、新社会组织、新就业群
体党的建设；等等。

这样才能进一步发挥党总揽全局、协调各方的作用，加强和改
进各方面工作，推动各项事业全面发展，确保如期建成社会主义现
代化强国。

（三）凝聚起建设中国式现代化的磅礴力量

团结奋斗是中国人民创造历史伟业的必由之路。习近平总书记
指出："党中央制定的理论和路线方针政策，是全党全国各族人民
统一思想、统一意志、统一行动的依据和基础。只有党中央有权
威，才能把全党牢固凝聚起来，进而把全国各族人民紧密团结起
来，形成万众一心、无坚不摧的磅礴力量。"①

中国共产党从诞生那天起，从来就没有自己的私利，而是以全
心全意为人民服务为根本宗旨。我们党的章程开宗明义明确，中国

---

① 习近平：《论坚持党对一切工作的领导》，中央文献出版社 2019 年版，第 183—
184 页。

共产党是中国工人阶级的先锋队，同时是中国人民和中华民族的先锋队。党坚持全心全意为人民服务，在任何时候都把群众利益放在第一位，同群众同甘共苦，保持最密切的联系。

面对突如其来的新冠疫情，在党中央的统一领导下，我们始终坚持人民至上、生命至上，党政军民学、东西南北中一体行动，各地区各部门立即响应，用最短时间遏制疫情扩散，打赢了疫情防控的人民战争、总体战、阻击战。而欧美等西方国家面对疫情，却陷入了制度失灵、管理失效、社会失序、物资匮乏、感染人数激增、死亡人数骤然上升的混乱局面。

历史和现实都告诉我们，只要毫不动摇坚持和加强党的全面领导、维护党中央权威和集中统一领导，不断增强党的政治领导力、思想引领力、群众组织力、社会号召力，不断巩固共同思想政治基础、加强思想政治引领，永远保持党同人民群众的血肉联系，我们就一定能够确保全党全国拥有团结奋斗的强大政治凝聚力、发展自信心，集聚起守正创新、共克时艰的强大力量，形成风雨来袭时全体人民最可靠的主心骨，从容应对各种复杂局面和风险挑战。

凝聚起建设中国式现代化的磅礴力量，就要坚持用习近平新时代中国特色社会主义思想统一思想、统一意志、统一行动，要用社会主义核心价值观凝聚人心、汇聚民力。

要持续把人民对美好生活的向往作为奋斗目标，推动改革发展成果更多更公平惠及全体人民，推动共同富裕取得更为明显的实质性进展。

要发挥我国社会主义新型政党制度优势、全面发展协商民主，完善大统战工作格局，铸牢中华民族共同体意识，加强党外知识分子思想政治工作，做好新的社会阶层人士工作，全面构建亲清政商关系，加强和改进侨务工作，形成共同致力于民族复兴的强大力量。

在全面建设社会主义现代化国家新征程上，只要全国各族人民在党的领导下团结一心、众志成城，形成海内外全体中华儿女心往一处想、劲往一处使的生动局面，就一定能够战胜前进道路上的一切困难挑战，继续创造令人刮目相看的新的奇迹。

二、坚持中国特色社会主义道路

方向决定道路，道路决定命运。党在百年奋斗中探索并形成的中国特色社会主义道路，是符合中国实际的正确道路，是创造人民美好生活、实现中华民族伟大复兴的康庄大道。坚持中国特色社会主义道路，就是要坚持以经济建设为中心，坚持四项基本原则，坚持改革开放，坚持独立自主、自力更生，坚持道不变、志不改，既不走封闭僵化的老路，也不走改旗易帜的邪路，坚持把国家和民族发展放在自己力量的基点上，坚持把中国发展进步的命运牢牢掌握在自己手中。

（一）中国特色社会主义道路是实现中国式现代化的必由之路

习近平总书记指出，"中国特色社会主义道路是实现社会主义现代化、创造人民美好生活的必由之路"。① 这条道路来之不易，它是在改革开放 40 多年的伟大实践中走出来的，是在中华人民共和国成立 70 多年的持续探索中走出来的，是在对近代以来 180 多年中华民族发展历程的深刻总结中走出来的，是在对中华民族 5000 多年悠久文明的传承中走出来的，具有深厚的历史渊源和广泛的现实基础。历史证明，这是一条符合中国国情、富民强国的正确道路，是当代中国大踏步赶上时代、引领时代发展的康庄大道，必须毫不动摇走下去。

在全面建设社会主义现代化国家新征程上，必须坚定不移走中国特色社会主义政治发展道路，坚持党的领导、人民当家作主、依法治国有机统一，坚持人民主体地位，充分体现人民意志、保障人民权益、激发人民创造活力。

必须坚持走中国特色社会主义法治道路，建设中国特色社会主义法治体系、建设社会主义法治国家，围绕保障和促进社会公平正义，坚持依法治国、依法执政、依法行政共同推进，坚持法治国家、法治政府、法治社会一体建设，全面推进科学立法、严格执法、公正司法、全民守法，全面推进国家各方面工作法治化。

必须坚持中国特色社会主义文化发展道路，增强文化自信，围绕举旗帜、聚民心、育新人、兴文化、展形象建设社会主义文化强国，发展面向现代化、面向世界、面向未来的，民族的科学的大众

---

① 《习近平谈治国理政》第三卷，外文出版社 2020 年版，第 13 页。

的社会主义文化，激发全民族文化创新创造活力，增强实现中华民族伟大复兴的精神力量。

只要坚持道不变、志不改，努力创造无愧新时代的历史功绩，中国共产党就一定能够团结带领人民在中国特色社会主义道路上实现中华民族伟大复兴。

（二）坚持以经济建设为中心

习近平总书记强调："以经济建设为中心是兴国之要，发展是党执政兴国的第一要务，是解决我国一切问题的基础和关键。"[1] 高质量发展是全面建设社会主义现代化国家的首要任务。没有坚实的物质技术基础，就不可能全面建成社会主义现代化强国。

党的十一届三中全会以来，我们党始终坚持以经济建设为中心。这是因为，在我们这样一个人口多、底子薄、发展还很不平衡不充分的国家，在我国正处于并将长期处于社会主义初级阶段的基本国情下，要不断巩固和完善中国共产党领导和中国社会主义制度，要不断满足人民日益增长的物质文化需要，必须坚持发展是硬道理的战略思想，集中精力把经济建设搞上去、把人民生活搞上去。试想如果没有扎扎实实的发展成果，没有人民生活不断改善，空谈理想信念，空谈党的领导，空谈社会主义制度优越性，空谈思想道德建设，那最终结果会怎样？

---

① 《习近平谈治国理政》第二卷，外文出版社 2017 年版，第 234 页。

党的十八大以来，以习近平同志为核心的党中央在坚持以经济建设为中心的同时，面对中国经济发展进入新常态、世界经济发展进入转型期、世界科技发展酝酿新突破的发展格局，提出要坚持以经济建设为中心，坚持以新发展理念为引领，加快转变经济发展方式、调整经济发展结构、提高发展质量和效益，着力推进供给侧结构性改革，构建新发展格局，推动经济更有效率、更有质量、更加公平、更可持续发展。

在全面建设社会主义现代化国家新征程上，要坚持以推动高质量发展为主题，把实施扩大内需战略同深化供给侧结构性改革有机结合起来，增强国内大循环内生动力和可靠性，提升国际循环质量和水平，加快建设现代化经济体系，着力提高全要素生产率，着力提升产业链供应链韧性和安全水平，着力推进城乡融合和区域协调发展，推动经济实现质的有效提升和量的合理增长。

要继续把握好战略机遇期，坚持以经济建设为中心不动摇，加快国有经济布局优化和结构调整，坚持把发展经济的着力点放在实体经济上，加快发展数字经济、海洋经济，推动建设开放型世界经济等，推动我国发展不断迈上新台阶。

（三）坚持独立自主

独立自主是中华民族精神之魂，是我们立党立国的重要原则。习近平总书记强调："人类历史上没有一个民族、一个国家可以通过依赖外部力量、照搬外国模式、跟在他人后面亦步亦趋实现强大和振兴。那样做的结果，不是必然遭遇失败，就是必然成为他人的附庸。"①

对我们这个拥有 960 多万平方公里土地、民族多样、人口众多的国家而言，没有任何成功的先例可循和现成的模板可用。这就意味着，不论过去、现在和将来，我们都要按照中国的情况来办，要依靠中国人自己的力量来办，坚持民族自尊心和自信心，把国家和民族发展放在自己力量的基点上，坚定不移走自己的路。

强调独立自主、自力更生，并不是要自我封闭，而是应该秉持兼容并蓄的态度，虚心学习他人的好东西，在独立自主的立场上把他人的好东西加以消化吸收，化成我们自己的好东西。习近平总书记指出，一个国家走向现代化，既要遵循现代化一般规律，更要符合本国实际，具有本国特色。中国式现代化既有各国现代化的共同特征，更有基于自己国情的鲜明特色，是全面建成社会主义现代化强国、实现中华民族伟大复兴的唯一正确道路。

坚持独立自主，就是中国的问题必须从中国基本国情出发，由中国人自己来解答；要坚定奉行独立自主的和平外交政策，始终根据事情本身的是非曲直决定自己的立场和政策，维护国际关系基本准则，维护国际公平正义；要确保中国人的饭碗牢牢端在自己手中；解决台湾问题是中国人自己的事，要由中国人来决定；坚持把国家和民族发展放在自己力量的基点上，坚持把中国发展进步的命运牢牢掌握在自己手中。

---

① 《中共中央关于党的百年奋斗重大成就和历史经验的决议》，人民出版社 2021 年版，第 67 页。

三、坚持以人民为中心的发展思想

江山就是人民，人民就是江山。中国共产党领导人民打江山、守江山，守的是人民的心。坚持以人民为中心的发展思想，就是要维护人民根本利益，增进民生福祉，不断实现发展为了人民、发展依靠人民、发展成果由人民共享，让现代化建设成果更多更公平惠及全体人民。

（一）坚持人民至上

党的根基在人民、血脉在人民、力量在人民，人民是党执政兴国的最大底气。坚持人民立场、人民至上，体现了党的理想信念、性质宗旨、初心使命，也是对党的奋斗历程和实践经验的深刻总结。"苏联是世界上第一个社会主义国家，取得过辉煌成就，但后来失败了、解体了，其中一个重要原因是苏联共产党脱离了人民，成为一个只维护自身利益的特权官僚集团。"① 自成立以来，我们党团结带领人民进行革命、建设、改革，根本目的就是为了让人民过上好日子，无论面临多大挑战和压力，无论付出多大牺牲和代价，这一点都始终不渝、毫不动摇。坚持人民至上，不是一个抽象的、玄奥的概念，不是一句空洞口号，而要体现在经济社会发展各个环节。

---

① 习近平：《把握新发展阶段，贯彻新发展理念，构建新发展格局》，《求是》2021 年第 9 期。

坚持人民至上，就是要坚持人民主体地位，顺应人民群众对美好生活的向往，不断实现好、维护好、发展好最广大人民根本利益，做到发展为了人民、发展依靠人民、发展成果由人民共享。

坚持人民至上，就是要通过深化改革、创新驱动，提高经济发展质量和效益，生产出更多更好的物质精神产品，不断满足人民日益增长的美好生活需要。要全面调动人的积极性、主动性、创造性，为各行业各方面的劳动者、企业家、创新人才、各级干部创造发挥作用的舞台和环境。要坚持社会主义基本经济制度和分配制度，调整收入分配格局，完善以税收、社会保障、转移支付等为主要手段的再分配调节机制，维护社会公平正义，解决好收入差距问题，使发展成果更多更公平惠及全体人民。要坚持加强党的领导和尊重人民首创精神相结合，坚持顶层设计和摸着石头过河相协调，坚持试点先行和全面推进相促进，抓住人民最关心最直接最现实的利益问题推进重点领域改革，不断增强人民获得感、幸福感、安全感。

（二）增进民生福祉

习近平总书记指出："检验我们一切工作的成效，最终都要看人民是否真正得到了实惠，人民生活是否真正得到了改善，这是坚持立党为公、执政为民的本质要求，是党和人民事业不断发展的重要保证。"①

我们中国共产党人从党成立之日起就确立了为人民谋幸福的目

① 习近平：《全面贯彻落实党的十八大精神要突出抓好六个方面工作》，《求是》2013年第1期。

标，一开始就是为改变穷苦人民命运而带领他们进行革命的。中国
共产党成立以来，领导人民打土豪、分田地，领导人民开展抗日战
争、赶走日本侵略者，领导人民推翻蒋家王朝、建立新中国，领导
人民开展社会主义革命和建设、改变一穷二白的国家面貌，领导人
民全面建设小康社会、进行改革开放和社会主义现代化建设。其根
本目的，就是要维护人民根本利益，通过发展社会生产力，不断提
高人民物质文化生活水平，促进人的全面发展。

　　增进民生福祉，就是要紧紧抓住人民最关心最直接最现实的利
益问题，采取更多惠民生、暖民心举措，着力解决好人民群众急难
愁盼问题。如：坚持以人民为中心发展教育，加快建设高质量教育
体系，发展素质教育，促进教育公平；发展全过程人民民主，保障
人民当家作主；加快建设公正高效权威的社会主义司法制度，努力
让人民群众在每一个司法案件中感受到公平正义；发展社会主义先
进文化，弘扬革命文化，传承中华优秀传统文化，满足人民日益增
长的精神文化需求；坚持以人民为中心的创作导向，推出更多增强
人民精神力量的优秀作品；健全基本公共服务体系，提高公共服务
水平，增强均衡性和可及性；推进健康中国建设，把保障人民健康
放在优先发展的战略位置，完善人民健康促进政策；加强和改进人
民信访工作，畅通和规范群众诉求表达、利益协调、权益保障通道；
等等

　　要坚持尽力而为、量力而行，在推动高质量发展中着力做好保
障和改善民生工作，一件一件抓落实，一年接着一年干，实现更高
水平的幼有所育、学有所教、劳有所得、病有所医、老有所养、住

有所居、弱有所扶，不断促进人的全面发展，让人民群众获得感、幸福感、安全感更加充实、更有保障、更可持续。

（三）实现共同富裕

习近平总书记强调："共同富裕是中国特色社会主义的本质要求，我国现代化坚持以人民为中心的发展思想，自觉主动解决地区差距、城乡差距、收入分配差距，促进社会公平正义，逐步实现全体人民共同富裕，坚决防止两极分化。"①

实现共同富裕不仅是经济问题，而且是关系党的执政基础的重大政治问题。党的十八大以来，以习近平同志为核心的党中央，按照在高质量发展中促进共同富裕，正确处理效率和公平的关系，构建初次分配、再分配、三次分配协调配套的基础性制度安排，加大税收、社保、转移支付等调节力度并提高精准性，扩大中等收入群体比重，增加低收入群体收入，合理调节高收入，取缔非法收入，推动形成中间大、两头小的橄榄型分配结构，促进社会公平正义，促进人的全面发展的总思路，经过持续努力，共同富裕取得了新成效。

要实现 14 亿多人共同富裕，必须脚踏实地、久久为功，不是所有人都同时富裕，也不是所有地区同时达到一个富裕水准，不同人群不仅实现富裕的程度有高有低，时间上也会有先有后，不同地区富裕程度还会存在一定差异，不可能齐头并进。这是一个在

---

① 《习近平谈治国理政》第四卷，外文出版社 2022 年版，第 123 页。

动态中向前发展的过程，要持续推动，不断取得成效。因此，党中央明确指出，共同富裕是一个长期的历史过程。要求在接下来的 5 年，要通过完善分配制度、实施就业优先战略、健全社会保障体系、推进健康中国建设等，扎实推进共同富裕。从而确保到 2035 年，人的全面发展、全体人民共同富裕取得更为明显的实质性进展。

四、坚持深化改革开放

改革开放是决定当代中国命运的关键一招，也是决定实现"两个一百年"奋斗目标、实现中华民族伟大复兴的关键一招；没有改革开放，就没有中国特色社会主义，就没有今天中国兴旺发达的大好局面。坚持深化改革开放，就是要深入推进改革创新，坚定不移扩大开放，着力破解深层次体制机制障碍，不断彰显中国特色社会主义制度优势，不断增强社会主义现代化建设的动力和活力，把我国制度优势更好转化为国家治理效能。

（一）深入推进改革创新

习近平总书记强调："通过不断改革创新，使中国特色社会主义在解放和发展社会生产力、解放和增强社会活力、促进人的全面发展上比资本主义制度更有效率，更能激发全体人民的积极性、主动性、创造性，更能为社会发展提供有利条件，更能在竞争中赢得比较优势，把中国特色社会主义制度的优越性充分体现出来。"①

党的十一届三中全会以后，通过改革创新破解前进中遇到的困难和挑战，取得了举世瞩目的成就。随着实践发展，一些深层次体制机制问题和利益固化的藩篱日益显现，改革进入攻坚期和深水区。以习近平同志为核心的党中央以巨大的政治勇气和智慧全面深化改革，明确全面深化改革总目标，打响改革攻坚战，敢于突进深水区，敢于啃硬骨头，敢于涉险滩，敢于面对新矛盾新挑战，不断推进理论创新、实践创新、制度创新、文化创新以及其他各方面创新，突破利益固化藩篱，坚决破除一切不合时宜的思想观念和体制机制弊端，各领域基础性制度框架基本建立，许多领域实现历史性变革、系统性重塑、整体性重构，新一轮党和国家机构改革全面完成，中国特色社会主义制度更加成熟更加定型，国家治理体系和治理能力现代化水平明显提高。

改革只有进行时，没有完成时。部分重点领域改革还有不少硬骨头要啃，创新不足也较为突出。因此，要持续深化国资国企改革，深化简政放权、放管结合、优化服务改革，深化要素市场化改革，深化金融体制改革，深化农村土地制度改革，深化教育领域综合改革，深化科技体制改革，深化科技评价改革，深化人才发展体制机制改革，深化工会、共青团、妇联等群团组织改革和建设，深化事业单位改革，深化文化体制改革等。同时，还要创新服务贸易发展机制，统筹职业教育、高等教育、继续教育协同创新，完善科

① 习近平：《论坚持全面深化改革》，中央文献出版社 2018 年版，第48—49 页。

技创新体系，培育创新文化，创新医防协同、医防融合机制，创新军事人力资源管理，等等。

只有深入推进改革创新，才能促使中国特色社会主义制度更加完善，国家治理体系和治理能力现代化水平不断提高，全社会发展活力和创新活力持续增强。

（二）坚定不移扩大开放

习近平总书记指出："改革开放40年的实践启示我们：开放带来进步，封闭必然落后。中国的发展离不开世界，世界的繁荣也需要中国"，"坚持对外开放的基本国策，实行积极主动的开放政策，形成全方位、多层次、宽领域的全面开放新格局"。①

近代以来，中国长期处于停滞和落后状态的一个重要原因是闭关自守。实践证明，关起门来搞建设是不能成功的，中国的发展离不开世界。进入新时代，以习近平同志为核心的党中央深刻认识到，我国发展要赢得优势、赢得主动、赢得未来，必须顺应经济全球化，依托我国超大规模市场优势，实行更加积极主动的开放战略。近年来，我们着力构建面向全球的高标准自由贸易区网络，加快推进自由贸易试验区、海南自由贸易港建设，共建"一带一路"成为深受欢迎的国际公共产品和国际合作平台。我国成为140多个国家和地区的主要贸易伙伴，货物贸易总额居世界第一，吸引外资和对外投资居世界前列，形成更大范围、更宽领域、更深层次对外开放格局。

① 《习近平谈治国理政》第三卷，外文出版社2020年版，第187页。

坚定不移扩大开放，就是要稳步扩大规则、规制、管理、标准等制度型开放；优化区域开放布局，巩固东部沿海地区开放先导地位，提高中西部和东北地区开放水平；加快建设西部陆海新通道；扩大国际科技交流合作，加强国际化科研环境建设，形成具有全球竞争力的开放创新生态；深化香港、澳门同各国各地区更加开放、更加密切的交往合作。

无论何时何地，都要始终坚持对外开放的基本国策，坚定奉行互利共赢的开放战略，不断以中国新发展为世界提供新机遇，不断增强我国国际经济合作和竞争新优势，推动建设开放型世界经济，更好惠及各国人民。

（三）不断提高治理效能

制度优势是一个国家的最大优势，制度竞争是国家间最根本的竞争。习近平总书记强调："我们既要坚持好、巩固好经过长期实践检验的我国国家制度和国家治理体系，又要完善好、发展好我国国家制度和国家治理体系，不断把我国制度优势更好转化为国家治理效能。"①

新中国成立 70 多年来，我们党领导人民创造了世所罕见的经济快速发展奇迹和社会长期稳定奇迹，中华民族迎来了从站起来、富起来到强起来的伟大飞跃。实践证明，中国特色社会主义制度和国家治理体系是以马克思主义为指导、植根中国大地、具有深厚中

---

① 《习近平谈治国理政》第三卷，外文出版社 2020 年版，第 124 页。

华文化根基、深得人民拥护的制度和治理体系，是具有强大生命力和巨大优越性的制度和治理体系。党的十八大以来，以习近平同志为核心的党中央着眼于党长期执政和国家长治久安，对坚持和完善中国特色社会主义制度、推进国家治理体系和治理能力现代化、提升国家治理效能作出了总体擘画，重点部署坚持和完善支撑中国特色社会主义制度的根本制度、基本制度、重要制度，明确要从社会主义民主法治更加健全、社会公平正义进一步彰显、国家行政体系更加完善等诸多方面持续发力，进一步提升国家治理效能。

制度更加成熟更加定型是一个动态过程，治理能力现代化也是一个动态过程，不可能一蹴而就，也不可能一劳永逸。因此，要着力固根基、扬优势、补短板、强弱项，构建系统完备、科学规范、运行有效的制度体系，加强系统治理、依法治理、综合治理、源头治理，把我国制度优势更好转化为国家治理效能，为全面建设社会主义现代化国家提供有力保证。

五、坚持发扬斗争精神

习近平总书记指出："我们党诞生于国家内忧外患、民族危难之时，一出生就铭刻着斗争的烙印，一路走来就是在斗争中求得生存、获得发展、赢得胜利。"[①] 坚持发扬斗争精神，就是要增强全党

---

① 《习近平谈治国理政》第三卷，外文出版社 2020 年版，第 542 页。

全国各族人民的志气、骨气、底气，不信邪、不怕鬼、不怕压，知难而进、迎难而上，统筹发展和安全，全力战胜前进道路上各种困难和挑战，依靠顽强斗争打开事业发展新天地。

（一）科学预判各种风险挑战

习近平总书记强调，"要保持战略清醒，对各种风险挑战做到胸中有数"①。当前和今后一个时期，我国发展进入各种风险挑战不断积累甚至集中显露的时期，面临的重大斗争不会少，经济、政治、文化、社会、生态文明建设和国防和军队建设、港澳台工作、外交工作、党的建设等方面都有，而且越来越复杂，各种"黑天鹅"、"灰犀牛"事件随时可能发生。

推进中国式现代化，是一项前无古人的开创性事业，必然会遇到各种可以预料和难以预料的风险挑战、艰难险阻甚至惊涛骇浪，因此我们必须要增强战略的前瞻性，准确把握事物发展的必然趋势，敏锐洞悉前进道路上可能出现的机遇和挑战。

必须要有草摇叶响知鹿过、松风一起知虎来、一叶易色而知天下秋的见微知著能力，对潜在的风险有科学预判，知道风险在哪里，表现形式是什么，发展趋势会怎样，该斗争的就要斗争。

必须要加强战略谋划，把握大势大局，抓住主要矛盾和矛盾的主要方面，分清轻重缓急，科学排兵布阵，牢牢掌握斗争主动权。必须要增强底线思维，做到居安思危、未雨绸缪，定期对风险因素

---

① 《习近平在学习贯彻党的二十大精神研讨班开班式上发表重要讲话强调　正确理解和大力推进中国式现代化》，《人民日报》2023 年 2 月 8 日。

进行全面排查。

在前进道路上，要加强和完善现代金融监管，强化金融稳定保障体系，依法将各类金融活动全部纳入监管，守住不发生系统性风险底线；严密防控环境风险；提高防范化解重大风险能力，严密防范系统性安全风险；推进安全生产风险专项整治，加强重点行业、重点领域安全监管；加强干部斗争精神和斗争本领养成，着力增强防风险、迎挑战、抗打压能力。

要牢牢把握新的伟大斗争的历史特点，抓住和用好历史机遇，下好先手棋、打好主动仗，发扬斗争精神，把握斗争方向，坚定斗争意志，掌握斗争规律，增强斗争本领，有效应对重大挑战、抵御重大风险、克服重大阻力、解决重大矛盾，战胜前进道路上的一切艰难险阻，不断夺取新时代伟大斗争的新胜利。

（二）增强斗争志气骨气底气

坚持敢于斗争，是马克思主义政党的内在要求。习近平总书记反复强调："我们面临的风险挑战明显增多，总想过太平日子、不想斗争是不切实际的。共产党人任何时候都要有不信邪、不怕鬼、不当软骨头的风骨、气节、胆魄。"①

敢于斗争、敢于胜利，是党和人民不可战胜的强大精神力量。党和人民取得的一切成就，不是天上掉下来的，不是别人恩赐的，而是通过不断斗争取得的。因为我们讲的斗争是有方向、有立场、

---

① 《习近平谈治国理政》第四卷，外文出版社 2022 年版，第 533 页。

有原则的，不是为了斗争而斗争，也不是为了一己私利而斗争，而是为了实现人民对美好生活的向往、实现中华民族伟大复兴，所以我们面临的斗争有两个显著特点：一是各种斗争不是短期的而是长期的，将伴随实现第二个百年奋斗目标全过程；二是在工作中遇到的斗争是多方面的，"全面从严治党、坚持马克思主义在意识形态领域的指导地位、全面深化改革、推进供给侧结构性改革、推动高质量发展、消除金融领域隐患、保障和改善民生、打赢脱贫攻坚战、治理生态环境、应对重大自然灾害、全面依法治国、处理群体性事件、打击黑恶势力、维护国家安全，等等，都要敢于斗争、善于斗争"[①]。因此，任何贪图享受、消极懈怠、回避矛盾的思想和行为都是错误的，必须准备进行具有许多新的历史特点的伟大斗争。

凡是危害中国共产党领导和我国社会主义制度的各种风险挑战，凡是危害我国主权、安全、发展利益的各种风险挑战，凡是危害我国核心利益和重大原则的各种风险挑战，凡是危害我国人民根本利益的各种风险挑战，凡是危害我国实现中华民族伟大复兴的各种风险挑战，只要来了，就必须进行坚决斗争，毫不动摇，毫不退缩，直至取得胜利。

（三）切实提高斗争本领

习近平总书记指出："领导干部要敢于担当、敢于斗争，保持斗争精神、增强斗争本领，年轻干部要到重大斗争中去真刀真枪

[①] 《习近平谈治国理政》第三卷，外文出版社 2020 年版，第 228 页。

干。各级领导班子和领导干部要加强斗争历练,增强斗争本领,永葆斗争精神,以'踏平坎坷成大道,斗罢艰险又出发'的顽强意志,应对好每一场重大风险挑战,切实把改革发展稳定各项工作做实做好。"①

在敢于斗争、勇于斗争的同时,还要充分认识到斗争的长期性、复杂性、艰巨性,为此领导干部要经受严格的思想淬炼、政治历练、实践锻炼、专业训练,在复杂严峻的斗争中经风雨、见世面、壮筋骨、练胆魄、磨意志、长才干,真正锻造成为烈火真金。

要树牢斗争意识,做到不论在哪个岗位、担任什么职务,在大是大非面前都敢于亮剑,在矛盾冲突面前敢于迎难而上,在危机困难面前敢于挺身而出,在歪风邪气面前敢于坚决斗争。同时,在各种重大斗争中,领导干部还要注重策略方法,讲求斗争艺术,在斗争中要坚持增强忧患意识和保持战略定力相统一、坚持战略判断和战术决断相统一、坚持斗争过程和斗争实效相统一。根据形势需要,合理选择斗争方式、把握斗争火候,在原则问题上寸步不让,把握时、度、效,及时调整斗争策略,注重灵活机动。

党的二十大指出,我们务必敢于斗争、善于斗争。在全面建设社会主义现代化国家、全面推进中华民族伟大复兴新征程上,我们一定会遇到很多可以预料和难以预料的风险挑战,只有既敢于斗争,又善于斗争,才能如期实现奋斗目标。

---

① 《习近平谈治国理政》第三卷,外文出版社 2020 年版,第 223 页。

第 六 章

处理好若干重大关系

推进中国式现代化是一个系统工程，需要统筹兼顾、系统谋划、整体推进。2023 年 2 月 7 日，在新进中央委员会的委员、候补委员和省部级主要领导干部学习贯彻习近平新时代中国特色社会主义思想和党的二十大精神研讨班开班式上，习近平总书记强调要正确理解和大力推进中国式现代化必须"正确处理好顶层设计与实践探索、战略与策略、守正与创新、效率与公平、活力与秩序、自立自强与对外开放等一系列重大关系"① 。这六对关系，涉及中国式现代化的全过程各领域，关乎中国式现代化的质量，必须认真领会好、处理好。

一、顶层设计与实践探索

坚持顶层设计与实践探索的有机统一，是推进中国式现代化的

---

① 《习近平在学习贯彻党的二十大精神研讨班开班式上发表重要讲话强调　正确理解和大力推进中国式现代化》，《人民日报》2023 年 2 月 8 日。

根本要求和行动指南。党的二十大报告系统论述了中国式现代化的丰富内涵与重要特征，对中国式现代化道路和全面建设社会主义现代化国家进行了顶层设计、战略部署和实践要求。科学理解中国式现代化新道路要求我们，既要抓好顶层设计、总体布局和全面规划，又要推动实践探索、基层试验和改革创新。

顶层设计，本义是"系统工程学"的专有概念，指工程的全构件的、全领域的系统设计，统筹各项目、各层次、各要素，以达到局部与整体的协调运行。二战后，作为系统工程的"顶层设计"，在世界范围内逐渐被广泛应用于社会管理和军事战备领域，再后来也用于经济学、政治学等领域，成为政府统筹内外政策和制定发展战略的系统方法论之一。"顶层设计"在中共中央文件中首次出现，是在2010年10月关于"十二五"规划建议中，提出要"更加重视改革的顶层设计和总体规划"。改革开放40多年的经验告诉我们，没有顶层设计，狗熊掰棒子式的零打碎敲，改革难以向纵深展开。习近平总书记强调："进行顶层设计，需要深刻洞察世界发展大势，准确把握人民群众的共同愿望，深入探索经济社会发展规律，使制定的规划和政策体系体现时代性、把握规律性、富于创造性，做到远近结合、上下贯通、内容协调。"①中国式现代化的推进，离不开顶层设计的整体思维。在勇于突进深水区、打响改革攻坚战的新时代，只有不断加强改革的顶层设计，敢于从整体上、全局上、各领域进行历史性变革、系统性重塑、整体性重构，才能真正突破利益

---

① 《习近平在学习贯彻党的二十大精神研讨班开班式上发表重要讲话强调　正确理解和大力推进中国式现代化》，《人民日报》2023年2月8日。

固化藩篱，突破体制机制弊端，走稳中国式现代化的新道路。

实践探索，简言之就是"摸着石头过河"，就是摸规律、试方法、找经验，从实践中获得真知。"河"是现代化进程中的问题，"摸"是认识，"石头"是实践和实际情况。它包含了两个部分，实践和探索。一般来说，实践在前，探索在后。实践是指人们能动地改造和探索现实世界的社会性活动，主要用于已知事物。探索，是为了认识和掌握未知世界，而进行的了解、认知、摸索和总结的过程，侧重于未知事物。党内最早提出"摸着石头过河"的是陈云，1950 年 4 月 7 日，在政务院第二十七次政务会议中陈云指出："物价涨不好，跌亦对生产不好。……要摸着石头过河，稳当点好。"①"实践探索"，用于经济改革和社会管理等领域时，常指代基层试验、改革创新和区域实践等含义。习近平总书记强调："推进中国式现代化是一个探索性事业，还有许多未知领域，需要我们在实践中去大胆探索，通过改革创新来推动事业发展，决不能刻舟求剑、守株待兔。"②"摸着石头过河"，是典型的"实践探索"思维在马克思主义方法论中的具体表现，它曾形象地反映了中国共产党人以巨大的政治勇气敢于探索的精神。新时代新征程上，推进中国式现代化新道路，没有模式可以照搬，必须采用实践探索、认识总结、再实践探索、再认识总结的方法论。没有基层的改革试验，没有呼应

---

① 中共中央文献研究室编：《陈云年谱（一九〇五——一九九五）》中卷，中央文献出版社 2000 年版，第 44 页。

② 《习近平在学习贯彻党的二十大精神研讨班开班式上发表重要讲话强调 正确理解和大力推进中国式现代化》，《人民日报》2023 年 2 月 8 日。

顶层设计的改革创新，顶层设计就会成为纸上谈兵。

顶层设计与实践探索是辩证统一的，紧密相关、互为支持。国家事业发展，好比行人走路远足。一个人在行进的过程中，忽遇河流险滩挡道，想要抵达理想的彼岸，怎么办？有桥走桥，有船坐船。面对一条陌生的河流，如果无桥可走、无船可坐，摸着石头过河显然是最可行和最安全的办法。只管抬头望远，不惧漩涡暗礁，蹚水过河，摸石探路。既然目标定在过河，就必须要顶层设计，预先不做调研，就造不出合适的桥和船，当然不想下水、害怕下水，一切都无从谈起；同时，也不能盲目瞎摸乱摸，随时可能会遇到暗流乱石，甚至呛水。换句话说，就是边摸石头边过河，边过河边摸石头。正如毛泽东所说："通过实践而发现真理，又通过实践而证实真理和发展真理。"① 新时代党和国家事业发展，中国式现代化新道路的开辟，是一个宏大的系统工程，每一项改革、攻坚、探索都需要通盘考虑、平衡矛盾、统筹发展。

总之，在当前和今后推进中国式现代化的伟大征程上，推进局部的阶段性改革探索和实践试验要在加强顶层设计的前提下进行，加强顶层设计要在推进局部的改革探索和实践试验的基础上来谋划。因此，就要在深入调查研究、实践探索、基层经验的基础上提出中国式现代化的顶层设计和总体规划，尊重实践、尊重创新、尊重探索，鼓励大胆探索、先行先试、勇于开拓，充分发挥各方面的积极性，走稳走好走实中国式现代化新道路。

---

① 《毛泽东选集》第一卷，人民出版社 1991 年版，第 296 页。

二、战略与策略

处理好战略与策略的关系，是推进中国式现代化新道路的重要法宝和政治成果。百年来，中国共产党总是能够在关键历史节点、重大历史关头、危急历史时刻作出力挽狂澜的决策、判断，实现了从胜利走向胜利的历史伟业，离不开准确的、主动的、科学的战略判断，也离不开正确的、务实的、高效的策略。2022 年 1 月，习近平总书记在省部级主要领导干部专题研讨班开班式上强调，要注重分析和总结党在百年奋斗历程中对战略策略的研究和把握。

战略是关系着国家和政党前途命运的根本性问题。战略是从全局、整体、长远、大势上作出决策和部署。战略上判断得准确、谋划得科学，就能赢得主动，党和人民事业就大有希望。中国式现代化新道路，绝不可能一帆风顺，要在千头万绪、多种矛盾聚合的大背景下走出中国特色、中国风格、中国气派和中国模式，没有战略思维是绝不可能到达成功的彼岸的。马克思主义认为，由于战略所具有全局性、长远性、层次性和稳定性等特征，因而发挥方向引导作用。列宁指出，只有通过正确的战略策略实现党的纲领，才能使共产党的先进性落实到行动中。毛泽东更是一再强调，要明确战略的统帅地位，要强化战略意识，牢记党的正确的政治战略，将其贯穿于中国革命和建设的全过程。"来而不可失者，时也；蹈而不可失者，机也。"机遇稍纵即逝，抓住了就能赢得战略主动，抓不住就可能陷入战略被动，甚至错过一个时代。在推进中国式现代化过程中，习近平总书记进一步强调，要增强战略的前瞻性，准确把握事物发展的必然趋势，敏锐洞悉前进道路上可能出现的机遇和挑战，以科学的战略预见未来、引领未来。要增强战略的全局性，谋划战略目标、制定战略举措、作出战略部署，都要着眼于解决事关党和国家事业兴衰成败、牵一发而动全身的重大问题。要增强战略的稳定性，战略一经形成，就要长期坚持、一抓到底、善作善成，不要随意改变。①

坚持战略思维，就要处理好当前与长远、全局与局部、重点与一般的关系，要立足全局，坚持全国一盘棋，要立足长远，坚持未来眼光，要突出重点，把握轻重缓急，做到两点论与重点论的有机统一。

策略是实现战略的重要保证和力量支持。习近平总书记指出："正确的战略需要正确的策略来落实。"②策略是为实现战略任务而采取的手段，相比战略而言，它具有局部性、暂时性等特征。策略的作用，就是根据战略的要求，达到战略任务的目的。在实践中，特别是在正确的战略方针已定的情况下，有没有一套科学的、完备的、系统的策略，以及策略的有效执行就成为了一个重大的关键问题，就具有了某种决定性的意义。因此，就必须要充分认识策略对战略的支持和保证作用。正确的策略应该是具体的、发展的、灵活

---

① 《习近平在学习贯彻党的二十大精神研讨班开班式上发表重要讲话强调　正确理解和大力推进中国式现代化》，《人民日报》2023 年 2 月 8 日。

② 《习近平谈治国理政》第四卷，外文出版社 2022 年版，第 31 页。

的，一旦离开特定的环境和条件，原本科学的策略也可能成为枷锁。因此，在不同的历史时期、现实背景和外部环境，要根据客观现实的变化，不断调整和校准相应的策略，确保策略与时俱进推动战略的实现。中国式现代化的道路是伟大的正义的事业，是不可阻挡的，同时又充满曲折，我们必须要看到中国式现代化凯歌行进的同时，清醒地看到这条道路的长期性、曲折性和复杂性，坚持策略与战略的有机平衡，总揽全局、协调各方，做到全国一盘棋、上下一条心。

要始终坚持战略与策略的辩证统一。战略居于主导地位，战略是考虑和影响全局的，而策略是服务和服从于战略需要的。战略决定策略，策略为战略服务。"要把战略的原则性和策略的灵活性有机结合起来，灵活机动、随机应变、临机决断，在因地制宜、因势而动、顺势而为中把握战略主动。"① 今天的中国，比历史上任何时期都更接近中华民族的伟大复兴，党领导中国人民也更坚定信心和能力去实现这一目标。同时，中华民族伟大复兴绝不是敲锣打鼓、纸上谈兵、轻轻松松就能实现的，前进道路上仍然存在各种风险挑战。这就要求我们树立战略信心，保持战略定力，从时代大潮、历史长河中分析演变机理、掌握发展主线，把谋事和谋势、把谋全局和谋局部统一起来，及时调整战略和策略，牢牢掌握战略主动权，适时释放策略的灵活性。

---

① 《习近平在学习贯彻党的二十大精神研讨班开班式上发表重要讲话强调　正确理解和大力推进中国式现代化》，《人民日报》2023 年 2 月 8 日。

三、守正与创新

守正创新是中国特色社会主义新时代的必由之路，是马克思主义中国化时代化的智慧结晶，是我们党在新时代治国理政的重要思维。坚持守正与创新，是推进中国式现代化的力量源泉。党的二十大报告首次以"坚持守正创新"等"六个必须坚持"来概括习近平新时代中国特色社会主义思想的世界观和方法论。在推进中国式现代化伟大进程的征途中，我们必须要处理好守正与创新的关系，在守正中锚定航向、赓续血脉，在创新中释放活力、扬帆远航。

守正，意为恪守正道，尊重事实，承继传统。在中国式现代化新的赶考路上，我们要守的是正义、原则和规律，守的是马克思主义的坚定立场、中国共产党的坚强领导、中国特色社会主义的伟大事业、中华民族复兴的宏伟梦想。守正就是要把牢社会主义方向和道路，既不走改旗易帜的邪路，也不走封闭僵化的老路。习近平总书记强调："中国是一个大国，决不能在根本性问题上出现颠覆性错误，一旦出现就无法挽回、无法弥补。"[1]百年来，从新民主主义革命胜利到中国特色社会主义进入新时代，我们党带领中国人民披荆斩棘、艰苦卓绝，创造了无数彪炳史册的人间奇迹和历史伟业。中国共产党为什么能、马克思主义为什么行、中国特色社会主义为什么好，一个重要原因就是"守正"，守得住初心使命，守得住人

---

[1] 《习近平谈治国理政》第一卷，外文出版社 2018 年版，第 348 页。

民百姓。"光荣传统不能丢，丢了就丢了魂；红色基因不能变，变了就变了质。"① 唯有守正，才能在史诗级的中国式现代化新道路上不迷失方向、不犯颠覆性错误、不开"历史的倒车"。进入新的历史方位，我们必须坚持以习近平新时代中国特色社会主义思想为指导，进一步深化对中国式现代化的内涵和本质的认识。在推进中国式现代化的新道路上，必须守好中国式现代化的本和源、根和魂，毫不动摇坚持中国式现代化的中国特色、本质要求、重大原则，确保中国式现代化的正确方向。

创新，就是勇开拓、善创造、懂变通、求出新。"苟利于民不必法古，苟周于事不必循旧"。从春秋战国时期管仲改革、商鞅变法，到当代中国的改革开放，都是与时俱进、开拓创新的典型案例。毛泽东强调："马克思主义一定要向前发展，要随着实践的发展而发展，不能停滞不前。停止了，老是那么一套，它就没有生命了。"② 邓小平也指出："绝不能要求马克思为解决他去世之后上百年、几百年所产生的问题提供现成答案。"③ 党的十八大以来，以习近平同志为核心的党中央团结带领广大人民攻克了许多长期没有解决的难题，办成了许多事关长远的大事要事，坚持将创新作为引领发展的第一动力，提出并贯彻新发展理念，推动党和国家事业取得举世瞩目的重大成就，载人航天、火星探测、量子信息取得重大突破，高速铁路、5G 网络建设领先世界，我国经济实力实现历史

① 《习近平谈治国理政》第二卷，外文出版社 2017 年版，第 183 页。
② 《毛泽东文集》第七卷，人民出版社 1999 年版，第 281 页。
③ 《邓小平文选》第三卷，人民出版社 1993 年版，第 291 页。

性跃升。历史和实践反复证明，思想僵化、封闭固守只会处处碰壁，锐意创新、开拓进取才能迎头赶上、掌握主动。因此，在推进中国式现代化进程中，我们应当持续不断地为现代化建设注入制度、理论和实践的活力因子，在坚持实事求是的前进道路上，勇于打破教条束缚，积极推动自我革新。要把创新摆在国家发展全局的突出位置，顺应时代发展要求，着眼于解决重大理论和实践问题，积极识变应变求变，大力推进改革创新，不断塑造发展新动能新优势，充分激发全社会创造活力。当前，面对修昔底德陷阱、刘易斯拐点、塔西佗陷阱等各种论调，以及中国威胁论、中国崩溃论、中国停滞论等各种杂音，我们必须要用科学的态度、主动的精神和坚毅的努力，高举创新的时代旗帜，坚决回击和跳出"经验主义"陷阱，摆脱"惯性思维"束缚，做到精准识变、科学应变、主动求变，为中国式现代化新道路不断灌注创新活力。

守正与创新是辩证统一、相辅相成的。"守正"一旦脱离了"创新"，就会成为僵化的教条，失去活力和生命力；"创新"如果没有"守正"作为根基和保障，也容易"盲人骑瞎马，夜半临深池"。守正才能坚守正确方向、才能行稳致远，创新才能顺势而上、领航时代。推进中国式现代化道路的守正创新，就是既要坚持马克思主义基本原理、承袭中华民族优秀传统文化，又要发展马克思主义，坚持解放思想、实事求是、与时俱进、求真务实。站在中国式现代化道路的新起点上，我们必须紧跟时代步伐、倾听人民呼声、顺应发展新貌，坚持在立场、道路、方向等根本性问题上守住底线、旗帜鲜明、绝不含糊，大力推进理论创新、实践创新、制度创新、文化创新，让创新在全社会形成内驱自觉，引领和保障中国特色社会主义伟大事业行稳致远。

四、效率与公平

效率与公平是社会进步和发展的动力。坚持效率与公平并重，是推进中国式现代化的内在要求和重要保障。效率与公平是社会高质量发展的基本目标，实现效率和公平的统一是中国式现代化建设所遵循的根本原则，也是实现共同富裕的必由之路。党的二十大进一步明确指出，实现全体人民共同富裕是中国式现代化的重要特征，这是党基于我国国情作出的重要论断。踏上新征程，我们必须充分认识效率和公平的战略意义，科学把握处理好效率和公平的辩证关系，既要创造比资本主义更高的效率，又要更有效地维护社会公平，更好实现效率与公平相兼顾、相促进、相统一。以最大同心圆凝聚全体人民智慧和力量，为全面建设社会主义现代化国家、全面推进中华民族伟大复兴提供支持和保障。

效率与公平是辩证统一的，二者既有联系又有区别。效率与公平互为前提，互相促进。一方面，效率是公平的基础。有了效率，才有利于经济和社会发展，才能为实现公平创造必要的物质基础；另一方面，公平又是效率的保证，只有做到公平，才能调动劳动者的积极性，才能创造出更高的效率。同时，公平也是效率的社会目的和意义所在。处理好效率与公平的关系，有效防止两极分化，关系到最广大人民的根本利益，关系到社会稳定，关系到共同富裕目标的实现。因此，我们必须将体现效率、促进公平两大准则始终贯穿在扎实推进中国式现代化的全过程。统筹效率和公平是实现全体人民共同富裕和推进中国式现代化的重要要求。作为全世界各国都面临的发展瓶颈问题，贫富差距过大是阻碍各国实现各自现代化的重要因素。

如何处理好效率与公平的关系，是中国式现代化必须要解决的重大问题。中国共产党对效率与公平的认知和实践也是一个不断深化、日益完善的过程，从早期的强调效率到后来逐渐加大了对公平的维护，以适应我国经济和社会的可持续发展。在社会主义建设探索时期，受绝对平均主义影响，随着计划经济政策的实行与发展，尽管缩小了城乡收入的差距和体制内外的收入差距，但也使得这一时期人们的生活条件处在较低水平。1978年党的十一届三中全会决定实行改革开放后，"效率优先，兼顾公平"成为主基调。在实现我国经济高速增长奇迹的同时，使领跑效率的一部分人"先富起来"的目标也得以基本实现，但是地域、行业之间的收入差距也随之增长到高水平。党的十八大以来，中国经济建设进入了高质量发展阶段，伴随着打赢脱贫攻坚战的伟大胜利，全面建成小康社会的伟大实践，实现全体人民共同富裕被提高到前所未有的高度，也首次明确要求效率与公平二者并重，这是中国共产党在对待效率与公平问题上的一次新的飞跃。党的二十大报告指出："中国式现代化是全体人民共同富裕的现代化。共同富裕是中国特色社会主义的本质要求，也是一个长期的历史过程。我们坚持把实现人民对美好生活的向往作为现代化建设的出发点和落脚点，着力维护和促进社会公平正义，着力促进全体人民共同富裕，坚决防止两极分化。"[1]

要在统筹效率和公平中推进共同富裕。一方面，要注重效率，坚持高质量发展，另一方面也要促进公平，完善分配制度。提高效率和实现公平是我国经济社会发展中的两大重要目标，二者犹如"鸟之两翼，车之两轮"。如果用做"蛋糕"来比喻经济社会建设成果，那么提高效率就是在更高层次上做大"蛋糕"。如果"蛋糕"做不大，哪怕再如何平等分割，最终每个人手上的份额始终是小的。正如过去我们在计划经济条件下，片面追求了平均主义，把收入分配或财产分配的均等当作公平，结果既影响了生产的效率，又未能实现实质公平。在坚持"发展是硬道理"不动摇的同时，我们也要认识到，效率也要以公平为前提才能得以持续发展。公平问题解决不好，不仅会影响效率的提高，甚至在一定程度上会危及社会的稳定乃至国家的长治久安。20世纪80年代末期，苏联特权阶层面对个人利益不顾公平的原则，背弃人民的利益，终究苏联走上亡党亡国的不归路。新时代新征程上，我们必须时刻保持清醒，社会主义为什么能比资本主义做出更大"蛋糕"，重要因素就是分配方式更得人心，更受到广大人民群众的真心拥护。因此，中国式现代化既要创造比资本主义更高的效率，又要更有效地维护社会公平，更好实现效率与公平正向促进、兼容并蓄、内在统一，切实推进全体人民共同富裕。

---

① 《党的二十大报告辅导读本》，人民出版社 2022 年版，第 20 页。

五、活力与秩序

正确处理活力与秩序的关系，是中国式现代化的基本要求和关键因素。新时代以来，中国式现代化道路展现出无比广阔的前景。推进中国式现代化，必须构建一个充满创造活力又保持良好秩序的社会。习近平总书记指出，推进中国式现代化，"要统筹发展和安全，贯彻总体国家安全观"①。统筹好发展与安全两件大事，正是要处理好活力与秩序的关系，跳出"一统就死、一放就乱"的治理怪圈，绘就社会有序运行和强劲活力统一的中国式现代化图景。

21 世纪初，党内就明确提出了要统筹活力与秩序两者之间的关系，指出中国特色社会主义社会是"民主法治、公平正义、诚信友爱、充满活力、安定有序、人与自然和谐相处"的和谐社会。活力蕴含着社会的创造力和丰富性，秩序则代表着社会的平稳运行和有序发展。良好的社会秩序为社会活力的迸发提供稳定的环境保障，社会活力的涌现会进一步促进社会秩序的稳定发展，二者相互促进、辩证统一。习近平总书记指出："一个现代化的社会，应该既充满活力又拥有良好秩序，呈现出活力和秩序有机统一。"② 这是深入推进中国式现代化的基本遵循，让活力与秩序相互赋能，确保

---

① 《习近平在学习贯彻党的二十大精神研讨班开班式上发表重要讲话强调　正确理解和大力推进中国式现代化》，《人民日报》2023 年 2 月 8 日。

② 习近平：《在经济社会领域专家座谈会上的讲话》，人民出版社 2020 年版，第9 页。

人民安居乐业、社会平安和谐、国家繁荣稳定。新中国成立后，社会秩序较之前极大恢复，社会主义制度逐渐确立，然而，社会活力有待提升。党的十一届三中全会后，全党将工作中心转移到社会主义现代化建设上来，中国步入改革开放新时期。这一时期，党注重激发社会活力与维护社会安定团结有序并行，在关键时期锚定了社会主义现代化的方向。

党的十八大以来，中国共产党以激发社会活力与稳定秩序为发展目标，凝聚各方强大合力推动如期实现全面小康社会。在推进中国式现代化的进程中，要继续实现活力与秩序的有机平衡，构建充满生机活力与良好秩序统一的美好社会。

在中国式现代化的生动实践中，统筹好发展与安全两件大事，就是处理好活力与秩序关系的体现。第一，深入推进总体国家安全观，构建新安全格局。在中国式现代化道路上坚持把维护国家安全作为头等大事，把发展建立在安全可靠的秩序基础之上。对外坚守国家核心利益，对内维护国家政治安全和社会稳定。利用安全有序的环境不断激发出中国式现代化发展活力，统筹高质量发展与高水平安全推进中国式现代化。第二，完善共建共治共享社会治理格局。推动中国式现代化进程中形成人人参与的治理共同体，创新基层社会治理。增强人民福祉，让人民成为中国式现代化治理成效的阅卷人，把实现广大人民群众对美好生活的愿景作为推进中国式现代化的本质要求。坚持和发展新时代"枫桥经验"，从源头上化解新形势下的矛盾纠纷，培育公众参与的自主性和积极性，推动中国式现代化中活力与秩序的有效衔接。第三，推动体制机制改革，增加中国式现代化和谐因素。在中国式现代化的推进中解决人民群众最关心最直接最现实的利益问题，在发展中保障和改善民生，推动构建中国式现代化所需的和谐有序的社会环境。中国式现代化是民族复兴的康庄大道，我们要全面理解中国式现代化，形成活力与秩序并重的发展机制，谱写中国式现代化的时代华章。

六、自立自强与对外开放

处理好自立自强与对外开放的关系，是中国式现代化得以顺利推进的必然要求。习近平总书记指出，"要坚持独立自主、自立自强，坚持把国家和民族发展放在自己力量的基点上，坚持把我国发展进步的命运牢牢掌握在自己手中"，同时也指出"要不断扩大高水平对外开放，深度参与全球产业分工和合作，用好国内国际两种资源，拓展中国式现代化的发展空间"。① 推动中国式现代化是一项崭新又伟大的事业，必须坚持自己的事自己办，自己的路自己走，坚定不移靠自己探索中国式现代化道路，在创新创造中提升多维竞争力。同时还要稳步推动高水平对外开放，拓宽中国式现代化的发展空间，牢牢掌握战略主动权。

在世界发展版图中，以华为为代表的中国高科技企业展现出了强大影响力，成为民族企业标杆。然而早期的华为研发基础相当薄

---

① 《习近平在学习贯彻党的二十大精神研讨班开班式上发表重要讲话强调　正确理解和大力推进中国式现代化》，《人民日报》2023 年 2 月 8 日。

弱，为了生存下去，华为从代理销售模式转变为自主研发模式。在这期间，华为反复探索并不断完善业务模式，把所有精力投入到科技创新和研发活动中。为了应对"活下去"的紧迫局势，华为把目光转向在彼时经济萧条的俄罗斯市场，与俄罗斯国家电信局达成第一笔订单，由此开启了华为国际化的发展模式。之后，华为逐步占领发展中国家市场和发达国家市场，在研发产品上有了更严苛的标准与更强的竞争力。在国际化市场的开拓中，华为逐渐成长为全球第三大智能手机厂商，在攀登自主创新高峰的征程上稳扎稳打，创造了自立自强与对外开放的传奇。2019年5月开始，华为不断遭遇外部技术的封锁打压。多年前华为公司作出了极限生存的假设，海思芯片一夜之间全部"转正"，在关键时刻保障产品的正常运转。华为在极限施压下挺直脊梁，势头高昂，走好自己的路，加速自主创新和继续对外开放，努力在新一轮信息革命中突出重围。

习近平总书记指出："最关键最核心的技术要立足自主创新、自立自强。"① 华为发展的境遇也代表着背后的祖国，从"跟跑者"向"并跑者""领跑者"转变，中国从未停止创新和开放的步伐。在中国式现代化征程中，坚持高科技自立自强与高水平对外开放需要久久为功。开放自强的中国，必定在中国式现代化中凝聚磅礴的力量，向着正确光明的前进道路勇毅前行。

进入新发展阶段，中国发展遇到诸多新的机遇和挑战，推动中国式现代化必须贯彻新发展理念、构建新发展格局，做到既自立自

---

① 习近平：《在网络安全和信息化工作座谈会上的讲话》，人民出版社2016年版，第12页。

强，又保持对外开放。第一，把实施扩大内需战略同深化供给侧结构性改革有机结合起来。释放内需潜力，转变经济增长方式，努力实现供需动态平衡，增强国内循环在中国式现代化进程中的强大内生动力。第二，扩大高水平对外开放，提升以国际循环促进国内循环的质量和水平。扩大对外开放的范围和领域，搭建"一带一路"开放型战略平台，深层次推动制度型开放。统筹国内国际双循环，以新发展格局引领中国式现代化发展。第三，打好关键核心技术攻坚战。当前中国许多关键技术依然存在"卡脖子"难题，加强基础研究，推动产业链与创新链深度融合，在中国式现代化道路上实现产业技术的自主可控。积极推进国际科技交流与合作，把科技自立自强的势能转为中国式现代化的发展动能。在推动中国式现代化进程中实现高水平自立自强和高水平对外开放的有机结合，就是正确处理自立自强和对外开放的关系。我们要深刻意识到，坚持自立自强不是盲目排外，实行对外开放也不是崇洋媚外，对外开放能够为自立自强提供更好的发展条件，二者的有机统一是谱写中国式现代化新篇章的必要条件。

绘山河锦绣，著时代华章。以中国式现代化全面推进中华民族伟大复兴，是党的二十大明确提出的历史任务和时代命题。中国式现代化，是有中国风格、中国特色、中国气派的现代化，是我们党带领中国人民在长期艰苦卓绝的探索和实践中取得的人类社会形态和文明形态的伟大创造。我们必须要坚定信心、铸牢信念、独立自主、接续奋斗，始终坚持解放思想、实事求是，坚决贯彻新发展理念和高质量发展要求，坚持科学的、理性的、全面的认识和掌握中国式现代化艰难历程、时代特色、重要特征、重大关系、显著优势、战略图景、历史意义，学会运用辩证思维正确处理好中国式现代化的六对"重大关系"，努力以中国式现代化全面推进中华民族伟大复兴。

第 七 章

作出科学完整的战略安排

党的二十大报告指出，全面建成社会主义现代化强国，总的战略安排是分两步走：从 2020 年到 2035 年基本实现社会主义现代化；从 2035 年到本世纪中叶把我国建成富强民主文明和谐美丽的社会主义现代化强国。报告提出强国"两步走"战略安排，明确了到 2035 年和本世纪中叶我国发展的总体目标，擘画了第二个百年奋斗目标的美好图景，赋予社会主义现代化强国新的丰富内涵，具有重大而深远的意义。新时代强国"两步走"战略安排，为实现我国现代化建设提供了坚强有力保证，彰显了中国共产党的战略谋划和使命担当，也向世界表明了中国共产党人在社会主义现代化建设上的薪火相传和继往开来。

一、全面建成社会主义现代化强国的战略安排

中国共产党对现代化建设高度重视，并一直为之努力探索。党对现代化建设战略目标和分阶段实现目标的认识历程，是一个不断丰富

发展和循序推进的过程。新中国成立以后，我们党就提出建设工业化现代化国家、建设"四个现代化"强国的奋斗目标。改革开放之后，我们党提出社会主义现代化建设的"三步走"战略、"新三步走"战略。在提前实现解决人民温饱问题、人民生活总体上达到小康水平这两个目标的基础上，我们党又提出"两个一百年"奋斗目标。党的十八大以来，党和国家事业取得历史性成就、发生历史性变革。面对新的形势，党的十九大提出全面建成社会主义现代化强国"两步走"战略安排，党的二十大对这一战略安排进一步作出系统部署。党中央这一系列战略部署，都是站在我国社会主义现代化建设的基点上，对以往提出的战略目标既一脉相承又与时俱进的深化和推进。

新中国成立之初，以毛泽东同志为核心的党的第一代中央领导集体，认识到工业化是社会主义现代化的重要内容和重要标志，把实现工业化放在重要位置，并在此基础上提出"四个现代化"的战略目标。1954年，周恩来在一届全国人大一次会议上提出建设起强大的现代化的工业、现代化的农业、现代化的交通运输业和现代化的国防。这是"四个现代化"的最初表述。1960年初，毛泽东在《读苏联〈政治经济学教科书〉的谈话》中提出：建设社会主义，除了要实现工业现代化、农业现代化、科学文化现代化外，还要加上国防现代化。这是关于"四个现代化"的第一次完整表述。20世纪60年代初，在毛泽东提出的"农业是基础，工业是主导"思想的指导下，农业现代化从原来的第二位上升到第一位，更加符合我国国情。1964年12月，周恩来在三届全国人大一次会议上提出"把我国建设成为一个具有现代农业、现代工业、现代国防和现代科学技术的社会主义强国"①。至此，"四个现代化"的规范表述，被作为中国现代化战略目标正式写入党和国家文件中。党在提出、完善现代化战略目标的同时，在分阶段实现目标方面也获得了成功实践。1963年夏，毛泽东根据当时国民经济从严重困难中逐渐走出来的情况，提出从1965年后利用两个"十五年左右"的时间，在20世纪内实现"四个现代化"的设想。②经反复酝酿，三届全国人大一次会议提出分"两步走"的设想，1975年四届全国人大一次会议重申这一设想，并明确具体时间："第一步，用十五年时间，即在一九八〇年以前，建成一个独立的比较完整的工业体系和国民经济体系；第二步，在本世纪内，全面实现农业、工业、国防和科学技术的现代化，使我国国民经济走在世界的前列。"③这一战略设想不仅是当时整个政府工作报告最为引人注目的亮点，还是党的十一届三中全会实现全党工作重点转移的重要依据，也是邓小平后来提出分三步走基本实现现代化战略构想的重要思想渊源。

党的十一届三中全会提出党的工作中心转到"实现四个现代化"这一战略目标上来。1979年10月，邓小平立足新的国内外形势，提出"中国式的现代化"的奋斗目标："我们开了大口，本世纪末实现四个现代化。后来改了个口，叫中国式的现代化"④。他进

① 《周恩来选集》下卷，人民出版社1984年版，第439页。

② 中共中央文献研究室编：《毛泽东传（1949—1976）》（下），中央文献出版社2003年版，第1358页。

③ 《周恩来选集》下卷，人民出版社1984年版，第479页。

④ 《邓小平文选》第二卷，人民出版社1994年版，第194页。

一步阐述"中国式的现代化"就是要建立一个"小康"社会。[①] 根据这一设想，党的十二大提出，从 1981 年到 20 世纪末的二十年分两步走："前十年主要是打好基础，积蓄力量，创造条件，后十年要进入一个新的经济振兴时期。"[②] 党的十三大进一步明确分"三步走"战略：第一步，实现国民生产总值比一九八〇年翻一番，解决人民的温饱问题。第二步，到本世纪末，使国民生产总值再增长一倍，人民生活达到小康水平。第三步，到下个世纪中叶，人均国民生产总值达到中等发达国家水平，人民生活比较富裕，基本实现现代化。[③] 到 1997 年，"三步走"战略第二步主要指标提前实现。党的十五大提出新的"三步走"发展战略，首次提出"两个一百年"奋斗目标："展望下世纪，我们的目标是，第一个十年实现国民生产总值比二〇〇〇年翻一番，使人民的小康生活更加宽裕，形成比较完善的社会主义市场经济体制；再经过十年的努力，到建党一百年时，使国民经济更加发展，各项制度更加完善；到世纪中叶建国一百年时，基本实现现代化，建成富强民主文明的社会主义国家。"[④] 党的十五届五中全会指出，从新世纪开始，我国将进入全面建设小康社会，加快推进社会主义现代化的新的发展阶段。党的

---

① 中共中央文献研究室编：《邓小平年谱（一九七五——一九九七）》上卷，中央文献出版社 2004 年版，第 582 页。

② 中共中央文献研究室编：《十二大以来重要文献选编》（上），人民出版社 1986 年版，第 16 页。

③ 中共中央文献研究室编：《十三大以来重要文献选编》（上），人民出版社 1991 年版，第 16 页。

④ 中共中央文献研究室编：《改革开放三十年重要文献选编》（下），中央文献出版社 2008 年版，第 891 页。

十六大、十七大先后提出全面建设"更高水平的小康社会"①、"新的更高要求"②，推动了这一战略任务的进一步落实落细。

2012 年党的十八大以来，中国特色社会主义进入新时代，中国式现代化开启新征程。党的十八大提出"要在十六大、十七大确立的全面建设小康社会目标的基础上努力实现新的要求"；要求全党全面把握机遇，沉着应对挑战，"确保到二〇二〇年实现全面建成小康社会宏伟目标"。③ 与此同时，党的十八大还进一步明确"两个一百年"奋斗目标，即在中国共产党成立一百年时全面建成小康社会，在中华人民共和国成立一百年时建成富强民主文明和谐的社会主义现代化国家。面对新形势，以习近平同志为核心的党中央站在历史和时代的高度，科学把握当今世界和当代中国发展大势，从坚持和发展中国特色社会主义全局出发，围绕新时代推进和拓展中国式现代化作出一系列重要论述，实现了理论上的创新突破。党的十八大结束后不久，习近平总书记就深刻指出，为实现"两个一百年"奋斗目标，我们将坚持以人为本，坚持改革开放，全面推进经济建设、政治建设、文化建设、社会建设、生态文明建设，促进现代化建设各个方面、各个环节相协调。④ 可以看出，统筹推进"五

---

① 中共中央文献研究室编：《十六大以来重要文献选编》（上），中央文献出版社 2005 年版，第 14 页。

② 中共中央文献研究室编：《十七大以来重要文献选编》（上），中央文献出版社 2009 年版，第 15 页。

③ 中共中央文献研究室编：《十八大以来重要文献选编》（上），中央文献出版社 2014 年版，第 13 页。

④ 中共中央文献研究室编：《习近平关于实现中华民族伟大复兴的中国梦论述摘编》，中央文献出版社 2013 年版，第 7 页。

位一体"总体布局、促进现代化建设各方面各环节协调发展，是新时代中国式现代化建设的重要特点。习近平总书记还强调，搞现代化建设决不能照搬别国模式，"更有基于自己国情的中国特色"；强调"道路就是党的生命"，"中国的事情必须按照中国的特点、中国的实际来办"，道路选择正确与否决定中国式现代化的成败；强调"把中国特色社会主义制度的优越性充分体现出来"，突出中国特色社会主义制度对中国式现代化建设的巨大优势；强调"国家治理体系和治理能力是一个国家制度和制度执行能力的集中体现"，提出国家治理体系和治理能力现代化的新命题；提出中国式现代化的五个特征、本质要求，全面揭示中国式现代化体现中国国情的面相；强调中国式现代化"不仅致力于中国自身发展，也强调对世界的责任和贡献"，揭示中国式现代化对人类社会的贡献。这些关于中国式现代化的理论创新，不断深化了我们党的规律性认识，拓展了中国式现代化的内涵和外延，为新时代对我国社会主义现代化建设作出战略安排提供了思想引领。

在全面建成小康社会决胜期的关键节点，党的十九大在总结过去五年的工作和发生历史性变革的基础上，根据现代化的规律、进程和阶段性特点及要求，从新时代中国特色社会主义的新要求出发，明确提出新时代"两步走"发展战略，即从2020年到本世纪中叶分两步走把我国建成富强民主文明和谐美丽的社会主义现代化强国的战略目标：第一个阶段，从2020年到2035年，在全面建成小康社会的基础上，再奋斗15年，基本实现社会主义现代化；第二个阶段，从2035年到本世纪中叶，在基本实现现代化的基础上，再奋斗 15 年，把我国建成富强民主文明和谐美丽的社会主义现代化强国。前一步重在打牢现代化的坚实基础，后一步要在前一步的基础上实现强国提升。党的十九大报告还对我们党在这两个阶段所要实现的目标内涵进行了具体界定。这次战略安排把基本实现社会主义现代化的目标提前了 15 年。

党的二十大在保持十九大提出的新时代"两步走"发展战略框架的基础上，作了更为详细的安排部署，指出党的中心任务就是团结带领全国各族人民全面建成社会主义现代化强国、实现第二个百年奋斗目标，以中国式现代化全面推进中华民族伟大复兴；提出"到本世纪中叶，把我国建设成为综合国力和国际影响力领先的社会主义现代化强国"①，并对未来五年的主要目标任务、到 2035 年我国发展的总体目标作了具体部署。

关于"未来五年的主要目标任务"，党的二十大报告指出：经济高质量发展取得新突破，科技自立自强能力显著提升，构建新发展格局和建设现代化经济体系取得重大进展；改革开放迈出新步伐，国家治理体系和治理能力现代化深入推进，社会主义市场经济体制更加完善，更高水平开放型经济新体制基本形成；全过程人民民主制度化、规范化、程序化水平进一步提高，中国特色社会主义法治体系更加完善；人民精神文化生活更加丰富，中华民族凝聚力和中华文化影响力不断增强；居民收入增长和经济增长基本同步，劳动报酬提高与劳动生产率提高基本同步，基本公共服务均等化水

---

① 《党的二十大报告辅导读本》，人民出版社 2022 年版，第 22 页。

平明显提升，多层次社会保障体系更加健全；城乡人居环境明显改善，美丽中国建设成效显著；国家安全更为巩固，建军一百年奋斗目标如期实现，平安中国建设扎实推进；中国国际地位和影响进一步提高，在全球治理中发挥更大作用。

新时代强国"两步走"发展战略，是我们党立足于我国发展新的历史方位，对实现中华民族伟大复兴的历史使命和推进社会主义现代化建设新的"顶层设计"，体现了对"三步走"战略目标的深化，也体现了对"两个一百年"奋斗目标的推进，丰富和提升了现代化建设的目标及要求。

从历史发展脉络来看，实现现代化是中国共产党矢志不渝的目标追求，中国现代化战略目标经历了从"工业化"到"四个现代化"、从"社会主义现代化国家"到"社会主义现代化强国"、从"高度文明、高度民主"到"富强民主文明"、从"富强民主文明和谐"到"富强民主文明和谐美丽"不断丰富发展的演进过程。这一个个目标，是由低到高逐步实现的，是承前启后、层层递进、不断升级的，直到全面建成社会主义现代化强国。这一演进历程，是新中国从"站起来""富起来"向"强起来"迈进的历程，是物质文明、政治文明、精神文明、社会文明、生态文明全面提升和协同并进的历程。在党领导人民实现现代化建设战略目标的征程上，分阶段实现目标的重大举措获得了成功实践。中国共产党人不仅善于顺应人民愿望，制定国家发展的长期战略，而且善于把长期规划分解成一个个连续的、继起的中期发展规划，再把中期规划具体化为短期目标任务，这就构成了完整、清晰、可操作的社会主义现代化建设蓝图和实施方案。其中，长期战略指明建设目标，中期规划给出实施路径，短期目标明确年度任务，这种长短结合、逐层分解、逐步落实的战略规划，是中国特色社会主义建设和发展的重要内容之一。同时，为了实现长期规划目标，不断推进改革开放，持续深化改革措施，通过具体的政策措施把规划的目标落到实处。这种把战略目标长远规划与分阶段实施目标有机结合的方式，把改革开放、政策制定实施有机结合的方式，是中国共产党人治国理政的成功经验之一。

二、到 2035 年基本实现社会主义现代化

综合考虑我国未来发展的基础条件和各种风险挑战，在党的十九大报告和十九届五中全会通过的《中共中央关于制定国民经济和社会发展第十四个五年规划和二〇三五年远景目标的建议》基础上，党的二十大报告围绕基本实现社会主义现代化，从八个方面进一步明确了到 2035 年我国发展的目标任务，提出了新的更高要求。

（一）经济实力、科技实力、综合国力大幅跃升，人均国内生产总值迈上新的大台阶，达到中等发达国家水平。党的十八大以来，我国经济实力、科技实力、综合国力跃上新台阶，作为全球第二大经济体的地位得到巩固提升，人均国内生产总值 2021 年达到 12551 美元、超过世界平均水平。经济结构优化升级，全要素生产率大幅提升，社会生产力水平显著提高。与此同时，全社会研发投入与国内生产总值之比由 2012 年的 1.91% 提高到 2021 年的 2.44%，

全球创新指数排名由第 34 位上升到第 11 位。城镇化率由 53.1%
上升到 64.7%。城乡居民人均可支配收入差距由 2.88:1 降至 2.5:1，
人均预期寿命提高到 78.2 岁，中等收入群体逐步扩大，近一亿农
村贫困人口全部脱贫，建立起世界上规模最大的教育体系、社会保
障体系、医疗卫生体系，生态环境发生历史性、转折性、全局性变
化，这些都充分说明我国的发展质量在逐步提升，已进入高质量发
展阶段，从经济发展能力和条件看，有希望、有潜力在质量效益明
显提升基础上保持长期平稳发展，到 2035 年实现经济总量或人均
国内生产总值比 2020 年翻一番，达到中等发达国家水平。①

（二）实现高水平科技自立自强，进入创新型国家前列。党的
十八大以来，以习近平同志为核心的党中央把科技创新摆在国家发
展全局的核心位置，以前所未有的力度强化国家战略科技力量，综
合创新能力大幅跃升，国家创新指数全球排名从 2012 年的第 34 位
上升至 2022 年的第 11 位，战略性科技任务实施取得重大突破，战
略性创新平台体系不断完善，战略性资源空间布局不断优化，重要
科研主体能力不断提升，推动我国科技事业实现跨越式发展，发生
了历史性、整体性、格局性重大变化。实践证明，加快科技自立自
强是应对新挑战、解决新问题的必然选择，是畅通国内大循环、塑
造我国在国际大循环中主动地位的关键。《国家创新驱动发展战略
纲要》明确指出，我国科技事业发展的目标是，到 2020 年时使我
国进入创新型国家行列，到 2030 年时使我国进入创新型国家前列，

_____

① 《党的二十大报告辅导读本》，人民出版社 2022 年版，第 222 页。

到新中国成立 100 年时使我国成为世界科技强国。《全民科学素质行动规划纲要（2021—2035 年）》提出 2035 年远景目标：我国公民具备科学素质的比例达到 25%，城乡、区域科学素质发展差距显著缩小，为进入创新型国家前列奠定坚实社会基础。到 2035 年我国国家创新体系效能全面提升，国家战略科技力量和高水平人才队伍居世界前列，基础研究和原始创新能力全面增强，关键核心技术实现重大突破和自主可控，更多科技前沿领域实现并跑和领跑。全社会研发经费投入强度、基础研究经费投入占研发经费投入比重达到主要发达国家水平。我国全球创新指数排名进入世界前列，科技进步贡献率大幅提升。

（三）建成现代化经济体系，形成新发展格局，基本实现新型工业化、信息化、城镇化、农业现代化。现代化经济体系，是现代化国家的基石。改革开放 40 多年来，无论是中国自身的现代化进程还是国际经济环境，都要求中国式现代化必须转变经济发展方式，建立健全工业化的创新驱动机制，实现工业化动力从投资驱动向创新驱动转变，促进产业高端化，进而形成创新驱动的现代化经济体系。我国实现社会主义现代化，"新四化"的同步发展是基本路径，也是重要目标。我们将持续推动新型工业化、信息化、城镇化、农业现代化同步发展，到 2035 年基本实现"新四化"。中国式现代化的发展既遵循人类现代化发展的普遍规律，又蕴含着中国社会主义现代化的特殊规律。以实现工业化和城镇化这一人类现代化的基本要求为例，我国在 2020 年已基本实现工业化；农业转移人口市民化是新型城镇化的首要任务，近 10 年来我国有 1.3 亿农业转移人口和其他常住人口在城镇落户，2021 年我国常住人口城镇化率达到 64.72%，户籍人口城镇化率提高到 46.7%，这都为实现现代化提供了重要基础。①从中国社会主义现代化的特殊规律来看，我国现代化同西方发达国家有很大不同。西方发达国家是一个"串联式"的发展过程，工业化、城镇化、农业现代化、信息化顺序发展，达到目前水平用了二百多年时间。我国要后来居上，决定了必然是一个"并联式"的发展过程，工业化、信息化、城镇化、农业现代化是叠加发展的。到 2035 年，以城市群为主体、大中小城市和小城镇协调发展的城镇化格局基本形成，常住人口城镇化率、户籍人口城镇化率大幅提高，以人为核心的新型城镇化基本实现，城市品质明显提升。

（四）基本实现国家治理体系和治理能力现代化，全过程人民民主制度更加健全，基本建成法治国家、法治政府、法治社会。党的十九大明确提出，到 2035 年我国制度建设和治理能力建设的目标是，"各方面制度更加完善，国家治理体系和治理能力现代化基本实现"。党的十九届四中全会对坚持和完善中国特色社会主义制度、推进国家治理体系和治理能力现代化作出了全面部署。实现2035 年制度建设和治理能力建设目标，支撑中国特色社会主义制度的根本制度、基本制度、重要制度等各方面制度都将更加完善。全过程人民民主是党的十八大以来我们深化对民主政治发展规律认识提出的重大理念。我国全过程人民民主不仅有完整的制度程序，

---

① 《新型城镇化战略扎实推进》，《人民日报》2022 年 8 月 23 日。

而且有完整的参与实践。在我国五级人大代表中，由 10 亿多选民
直接选举产生的县乡两级人大代表，占到代表总数的 90% 以上。
我国全过程人民民主实现了过程民主和成果民主、程序民主和实质
民主、直接民主和间接民主、人民民主和国家意志相统一，是全链
条、全方位、全覆盖的民主，是最广泛、最真实、最管用的社会主
义民主。人民当家作主制度体系更加健全，人民民主更加充分发
展，人民平等参与、平等发展权利得到充分保障，人民积极性、主
动性、创造性进一步发挥。建设法治国家、法治政府、法治社会，
是制度建设和治理能力建设的重要内容。到 2035 年基本建成法治
国家、法治政府、法治社会，我国依法治国将得到全面落实，形成
完备的法律规范体系、高效的法治实施体系、严密的法治监督体
系、有力的法治保障体系，形成科学立法、严格执法、公正司法、
全民守法的良好格局。

（五）建成教育强国、科技强国、人才强国、文化强国、体育
强国、健康中国，国家文化软实力显著增强。全面建设社会主义
现代化国家，教育的基础性、先导性、全局性地位和作用更加凸
显。加快向创新型国家迈进，建设现代化经济体系，建设富强民主
文明和谐美丽的社会主义现代化强国，实现中华民族伟大复兴的中
国梦，满足人民美好生活的需要，要求必须加快教育现代化，把中
国建设成为教育强国，以教育现代化支撑国家现代化。《中国教育
现代化 2035》确定到 2035 年中国教育现代化的总体目标，是在全
面建成小康社会的基础上，再经过 15 年努力，到 2035 年总体实现
教育现代化，迈入教育强国行列，推动中国成为学习大国、人力资

源强国和人才强国，为到本世纪中叶建成富强民主文明和谐美丽
的社会主义现代化强国奠定坚实基础。全面建设社会主义现代化
国家，科技是关键，人才是根本。我国在创新领域排名不断靠前
的变化，对应着我国科技投入大幅提高。2021 年，我国全社会研
发投入达 2.79 万亿元，是 2012 年的 2.7 倍。同时，我国科技体制
改革全面发力、多点突破、持续向纵深推进，人才培养、使用、评
价、激励、引进体制机制更趋完善，研发人员总量居世界首位。①
我国人才队伍快速壮大，全国人才资源总量从 2010 年的 1.2 亿人
增长到 2019 年的 2.2 亿人，其中专业技术人才从 5550.4 万人增长
到 7839.8 万人，各类研发人员全时当量达到 480 万人年，居世界
首位，我国已经拥有一支规模宏大、素质优良、结构不断优化、作
用日益突出的人才队伍。② 到 2035 年，我国将基本实现科学技术现
代化，建成更多世界主要科学中心和创新高地，一大批国家科研机
构、研究型大学和科技领军企业进入世界前列，形成高水平开放创
新生态。在世界第一人才大国基础上，人才结构更加优化，人才质
量显著提升，各类高层次人才更多涌现，成为世界重要人才中心。
文化事业进一步繁荣，现代文化产业体系基本形成，国民思想道德
素质、科学文化素质明显提高。体育综合实力和国际影响力居世界
前列。人均预期寿命提高到 80 岁以上，人口长期均衡、可持续发
展。中华文化影响力、中华民族凝聚力显著增强。

---

① 《释放创新潜能　激发创新活力》，《人民日报》2022 年 9 月 21 日。

② 《创造活力竞相迸发　聪明才智充分涌流——新时代人才事业发展成就综述》，
《人民日报》2022 年 9 月 19 日。

（六）人民生活更加幸福美好，居民人均可支配收入再上新台阶，中等收入群体比重明显提高，基本公共服务实现均等化，农村基本具备现代生活条件，社会保持长期稳定，人的全面发展、全体人民共同富裕取得更为明显的实质性进展。实现共同富裕是中国共产党领导和我国社会主义制度的本质要求。消除贫困、改善民生、实现共同富裕体现着社会主义制度的优越性，也是我们党坚持全心全意为人民服务根本宗旨的重要体现。新时代十年，我们打赢人类历史上规模最大的脱贫攻坚战，困扰中华民族几千年的绝对贫困问题得到历史性解决。居民人均可支配收入从 16500 元增加到 35100 元，中等收入群体规模超过 4 亿人。建成世界上最大的社会保障网，基本养老保险参保人数由 7.9 亿增加到 10.4 亿，基本医疗保险参保人数由 5.4 亿增加到 13.6 亿。累计建设各类保障性住房和棚改安置房 8000 多万套，2 亿多困难群众住房条件得到改善。[①] 全面建成小康社会之后，我国已经到了扎实推动共同富裕的历史阶段，特别是在根本保障、制度支撑、经济基础、社会环境和精神力量等方面形成的独特优势，是新时代推动共同富裕的战略性有利条件。到 2035 年，人民生活水平和质量显著提升，基本形成以中等收入群体为主体的"橄榄型"社会结构，实现基本公共服务覆盖全民、兜住底线、均等享有，基本建成具备现代生产生活条件的宜居宜业和美乡村，城乡区域发展差距和居民生活水平差距明显缩小，人的全面发展能力持续提升，人民获得感、幸福感、安全感更加充实、更

---

① 《着力促进全体人民共同富裕》，《人民日报》2022 年 12 月 21 日。

有保障、更可持续。

（七）广泛形成绿色生产生活方式，碳排放达峰后稳中有降，生态环境根本好转，美丽中国目标基本实现。新时代十年来，以习近平同志为核心的党中央统揽全局，全方位、全地域、全过程加强生态环境保护。在"五位一体"总体布局中，生态文明建设是重要组成部分；在新时代坚持和发展中国特色社会主义基本方略中，坚持人与自然和谐共生是一条基本方略；在新发展理念中，绿色发展是一大理念；在三大攻坚战中，污染防治是一大攻坚战；在到本世纪中叶建成富强民主文明和谐美丽的社会主义现代化强国目标中，美丽是一个重要目标。在习近平生态文明思想的指引下，制定修订环境保护法等多部法律法规，全面开展中央生态环境保护督察，全面推行生态文明建设目标评价考核制度和责任追究制度，建立实施生态补偿制度、河湖长制、林长制……一系列根本性、开创性、长远性工作谋划开展，决心之大、力度之大、成效之大前所未有，生态文明建设从认识到实践都发生了历史性、转折性、全局性变化。这十年，我国积极推行绿色低碳生产生活方式，超额完成到 2020 年碳排放强度比 2005 年下降 40%—45% 的目标；全国林业重点生态工程累计完成面积达 5.2 亿亩，全国累计完成造林 9.6 亿亩，占全球人工造林的 1/4，森林覆盖率达到 24.02%；2021 年底全国地表水水质优良断面比例上升至 84.9%，比 2012 年提高了 23.3 个百分点。① 展

---

① 《以更强有力的行动应对气候变化》，《人民日报》2023 年 1 月 30 日；《绘就人水和谐的美丽图景》，《人民日报》2022 年 10 月 8 日；《让青山常在绿水长流空气常新》，《人民日报》2022 年 9 月 13 日。

望未来，站在人与自然和谐共生的高度谋划发展，到 2025 年，森林覆盖率达到 24.1%，湿地保护率达到 55%；到 2035 年，将基本建成全世界保护规模最大、保护生态类型和生物多样性最丰富、惠及面最广的国家公园体系，基本建立清洁低碳、安全高效的能源体系和绿色低碳循环发展的经济体系，各类主要资源利用效率、主要污染物排放强度、碳排放强度接近发达国家平均水平，碳排放总量力争在 2030 年前实现达峰后稳中有降；大气、水、土壤等环境状况明显改观；生态安全屏障体系基本建立，森林、草原、荒漠、河湖、湿地、海洋等自然生态系统状况实现根本好转，形成生产空间安全高效、生活空间舒适宜居、生态空间山青水碧的国土开发格局。

（八）国家安全体系和能力全面加强，基本实现国防和军队现代化。新时代，党中央把国家安全作为头等大事，设立中央国家安全委员会，出台国家安全法、国家情报法、反恐怖主义法、境外非政府组织境内活动管理法、国防交通法、网络安全法、核安全法、外商投资法、数据安全法、香港国安法等一系列国家安全法律法规，审议通过《国家安全战略纲要》《国家安全战略（2021—2025年）》等文件，统筹做好重点领域、重点地区、重点方向国家安全工作，作出部署构建与新发展格局相适应的新安全格局，推动国家安全得到全面加强。党中央把国防和军队改革作为强国强军的战略抉择，提出新时代党的强军思想、新时代军事战略方针，坚持党对人民军队的绝对领导，坚持走中国特色强军之路，全面推进政治建军、改革强军、科技强军、人才强军、依法治军，坚定不移深化国

防和军队改革，制定修订《中华人民共和国国防法》《中华人民共
和国人民武装警察法》等一系列法律制度，推动国防和军队现代
化。经过不懈努力，到 2035 年，平安中国建设达到更高水平，国
家安全法治体系、战略体系、政策体系、人才体系和运行机制更加
健全，粮食安全、能源安全、重要产业链供应链安全和公共安全保
障能力全面提高。坚持富国和强军相统一，军事理论、军队组织形
态、军事人员、武器装备现代化全面推进，国防和军队建设达到世
界先进水平。

三、到本世纪中叶建成社会主义现代化强国

党的二十大报告指出，在基本实现现代化的基础上，我们要继
续奋斗，到本世纪中叶，把我国建设成为综合国力和国际影响力领
先的社会主义现代化强国。到那时，我国物质文明、政治文明、精
神文明、社会文明、生态文明将全面提升，实现国家治理体系和治
理能力现代化，全体人民共同富裕基本实现，我国人民将享有更加
幸福安康的生活，中华民族将以更加昂扬的姿态屹立于世界民族
之林。

从全面建成小康社会到基本实现现代化，再到全面建成社会主
义现代化强国，是新时代中国特色社会主义发展的战略安排，其贯
穿的一条红线就是实现更平衡更充分发展、实现人民幸福安康。从
全面建成小康社会阶段的"经济更加发展、民主更加健全、科教更

加进步、文化更加繁荣、社会更加和谐、人民生活更加殷实",到基本实现现代化阶段的"跻身创新型国家前列""人民平等参与、平等发展权利得到充分保障,法治国家、法治政府、法治社会基本建成""社会文明程度达到新的高度""全体人民共同富裕迈出坚实步伐""现代社会治理格局基本形成""美丽中国目标基本实现",可以清晰看出,中国特色社会主义现代化主要体现在物质文明、政治文明、精神文明、社会文明、生态文明五个方面,这五个文明都以实现更平衡更充分发展为基点和中心展开,都是实现人民群众幸福安康的必要途径和不可或缺的手段,体现了中国的发展是全面发展、均衡发展、永续发展。到本世纪中叶,展望那时的中国,通过坚持不懈统筹推进"五位一体"总体布局,我国社会主义物质文明、政治文明、精神文明、社会文明、生态文明将全面提升。一是我国将拥有高度的物质文明,全面形成高质量发展模式和高水平的现代化经济体系,国家创新能力、社会生产力水平和核心竞争力名列世界前茅,成为全球主要科学中心、创新高地和重大科技成果主要输出地,经济总量和市场规模稳居前列,建成富强的社会主义现代化强国。二是我国将拥有高度的政治文明,全面实现国家治理体系和治理能力现代化,中国特色社会主义制度更加巩固、优越性充分发挥,全面建成法治国家、法治政府、法治社会,充分实现全过程人民民主,社会主义民主政治更加成熟完善,建成民主的社会主义现代化强国。三是我国将拥有高度的精神文明,在全社会形成与社会主义现代化强国相适应的理想信念、价值理念、道德观念和精神风貌,全民族文化创新创造活力充分释放,公民文明素质和社会文明程度显著提高，中国精神、中国价值、中国力量在全球更加彰显，建成文明的社会主义现代化强国。四是我国将拥有高度的社会文明，全体人民共同富裕基本实现，全社会实现高质量的充分就业，收入分配的公平程度排在世界前列，城乡居民将普遍拥有较高的收入、富裕的生活、健全的基本公共服务，享有更加幸福安康的生活，社会充满活力而又规范有序，建成和谐的社会主义现代化强国。五是我国将拥有高度的生态文明，美丽中国全面建成，天蓝、地绿、水净的优美生态环境成为普遍形态，实现人与自然和谐共生的现代化，建成美丽的社会主义现代化强国。到那时，我国作为具有悠久历史的文明古国，将焕发出前所未有的生机活力，成为综合国力和国际影响力领先的国家，对构建人类命运共同体、推动世界和平与发展将作出更大贡献。

第 八 章

必须进行伟大斗争

在以中国式现代化全面推进中华民族伟大复兴进程中，不会一帆风顺，更不会一马平川，而是肯定会遇到各种困难和风险挑战，甚至会遇到惊涛骇浪，必须进行伟大斗争。2023 年 2 月 7 日，习近平总书记在学习贯彻党的二十大精神研讨班开班式上强调，推进中国式现代化，是一项前无古人的开创性事业，必然会遇到各种可以预料和难以预料的风险挑战、艰难险阻甚至惊涛骇浪，必须增强忧患意识，坚持底线思维，居安思危、未雨绸缪，敢于斗争、善于斗争，通过顽强斗争打开事业发展新天地。要保持战略清醒，对各种风险挑战做到胸中有数；保持战略自信，增强斗争的底气；保持战略主动，增强斗争本领。[①]

一、保持战略清醒，对各种风险挑战做到胸中有数

党的十八大报告指出，发展中国特色社会主义是一项长期的艰

---

① 《习近平在学习贯彻党的二十大精神研讨班开班式上发表重要讲话强调　正确理解和大力推进中国式现代化》，《人民日报》2023 年 2 月 8 日。

巨的历史任务，必须准备进行具有许多新的历史特点的伟大斗争。这是"伟大斗争"一词首次出现在党的全国代表大会报告中。党的十九大报告明确提出进行伟大斗争、建设伟大工程、推进伟大事业、实现伟大梦想，同时强调"我们党要团结带领人民有效应对重大挑战、抵御重大风险、克服重大阻力、解决重大矛盾，必须进行具有许多新的历史特点的伟大斗争"。[①]2021 年 7 月 1 日，习近平总书记在庆祝中国共产党成立 100 周年大会上指出："以史为鉴、开创未来，必须进行具有许多新的历史特点的伟大斗争。"[②] 党的二十大报告首次提出"三个务必"，"务必敢于斗争、善于斗争"就是其中之一。同时指出，党中央审时度势、果敢抉择，锐意进取、攻坚克难，团结带领全党全军全国各族人民撸起袖子加油干、风雨无阻向前行，义无反顾进行具有许多新的历史特点的伟大斗争。[③]从"必须准备进行"到"必须进行"，再到"义无反顾进行"具有许多新的历史特点的伟大斗争，充分体现新时代进行伟大斗争的必然性和重要性。这充分彰显了党中央的战略清醒。

习近平总书记在纪念中国人民抗日战争暨世界反法西斯战争胜利 75 周年座谈会上强调："凡是危害中国共产党领导和我国社会主义制度的各种风险挑战，凡是危害我国主权、安全、发展利益的各种风险挑战，凡是危害我国核心利益和重大原则的各种风险挑战，凡是危害我国人民根本利益的各种风险挑战，凡是危害

① 《习近平谈治国理政》第三卷，外文出版社 2020 年版，第 12 页。
② 《习近平谈治国理政》第四卷，外文出版社 2022 年版，第 12 页。
③ 《习近平著作选读》第一卷，人民出版社 2023 年版，第 5 页。

我国实现'两个一百年'奋斗目标、实现中华民族伟大复兴的各
种风险挑战，只要来了，我们就必须进行坚决斗争，毫不动摇，
毫不退缩，直至取得胜利。"①面对风云变幻的国际形势、复杂敏
感的周边环境，一定要保持头脑清醒、立场坚定，牢牢把握住斗
争方向。

当前，世界百年未有之大变局加速演进，世纪疫情影响深远，
逆全球化思潮抬头，单边主义、保护主义明显上升，世界经济复苏
乏力，局部冲突和动荡频发，全球性问题加剧，世界进入新的动荡
变革期，来自外部的风险挑战始终存在并日益凸显。我国发展进入
战略机遇和风险挑战并存、不确定难预料因素增多的时期，各种
"黑天鹅""灰犀牛"事件随时可能发生，需要应对的风险挑战、防
范化解的矛盾问题比以往更加严峻复杂，要时刻保持高度警惕，增
强"时时放心不下"的责任感。既要有防范风险的先手，也要有
应对和化解风险挑战的高招；既要打好防范和抵御风险的有准备之
战，也要打好化险为夷、转危为机的战略主动战。

（一）保持战略清醒，要坚决同一切削弱、歪曲、否定党的领
导和我国社会主义制度的言行作斗争

保持战略清醒，就要以唯物史观认识百年未有之大变局中中国
所面临的机遇和挑战。深刻认识中国共产党百年奋斗史和新中国发
展史，始终坚守人民幸福、民族复兴的初心和使命。深刻认识中国

---

① 《习近平谈治国理政》第四卷，外文出版社 2022 年版，第 71 页。

共产党领导是中国特色社会主义最本质的特征，也是中国特色社会主义制度的最大优势，中国共产党的领导是党和国家的根本所在、命脉所在，是全国各族人民的利益所系、命运所系。坚持社会主义与坚持党的领导是统一的，建设中国特色社会主义、实现共产主义，始终是中国共产党的奋斗目标。

比如，面对削弱、歪曲、否定党的领导和我国社会主义制度的言行，制造、传播政治谣言，丑化党和国家形象等言行，我们必须坚决予以斗争，并应清醒认识到，各种敌对势力从来没有停止对我国实施西化、分化战略，从来没有停止对中国共产党领导和我国社会主义制度进行颠覆破坏活动，意识形态领域斗争日益复杂尖锐。中国特色社会主义是社会主义不是别的什么主义，必须在大是大非面前站稳立场，维护中国共产党领导和执政地位、维护中国特色社会主义制度。要牢牢掌握意识形态工作的领导权、话语权，坚决反对一切削弱、歪曲、否定党的领导和我国社会主义制度的言行，坚定不移推进党风廉政建设和反腐败斗争，坚决清除一切损害党的先进性和纯洁性的因素，清除一切侵蚀党的健康肌体的病毒，确保党不变质、不变色、不变味。

（二）保持战略清醒，要坚决同一切损害人民利益、脱离群众的行为作斗争

中国共产党的根基在人民、血脉在人民、力量在人民，全心全意为人民服务是党的根本宗旨，必须以最广大人民根本利益为我们一切工作的根本出发点和落脚点，坚持把人民拥护不拥护、赞成不

赞成、高兴不高兴作为制定政策和检验政策成效的根本依据。

在现实生活中，损害人民利益、脱离群众的行为在一定程度上存在着。这些行为，集中表现在形式主义、官僚主义、享乐主义和奢靡之风这"四风"上。比如，有的干部形式主义和官僚主义严重，把大量时间和精力花在做表面文章、搞花架子上，不为群众办实事、办好事，增加群众负担，引起群众反感，伤害群众感情，严重损害党群、干群关系，损害党和政府的形象，败坏党风和社会风气；有的干部享乐主义严重，意志消沉、信念动摇，奉行及时行乐的人生哲学，追求吃得好、玩得痛快、住得舒服；有的干部奢靡之风严重，住豪华酒店，吃山珍海味，喝美酒佳酿。虽然这些问题只发生在少数干部身上，但它严重影响了党在人民群众心目中的形象，严重损害了人民群众的根本利益，势必危及党的生存与执政地位。因而，我们必须站在讲政治高度，以对党的事业高度负责的精神，坚定不移地与这些错误言行进行斗争，采取多种措施、标本兼治，常抓不懈。

（三）保持战略清醒，要坚决同一切顽瘴痼疾作斗争

随着改革进入攻坚期和深水区，遇到的阻力越来越大，面对的暗礁、潜流、漩涡越来越多。发展中不平衡、不协调、不可持续问题依然突出，重点领域关键环节改革任务依然艰巨，关系群众切身利益的问题依然较多，反腐败斗争依然需要付出巨大努力。在这个过程中，一些顽瘴痼疾逐渐暴露出来并制约着改革向纵深推进。同时，在体制机制上我们还存在许多弊端。这些难啃的"硬骨头""老

毛病"如果改不掉、改不彻底，都将会前功尽弃，前期取得的成绩也会付之东流，那些已改好的问题也可能会卷土重来。因此，我们必须以勇于自我革命的气魄、坚忍不拔的毅力继续推进全面深化改革，加强改革的系统性、整体性、协同性，敢于涉深水区、啃硬骨头，下大力气调整深层次利益关系，坚决冲破思想观念束缚，坚决破除利益固化藩篱，坚决清除妨碍社会生产力发展的体制机制障碍，坚决同积存多年的一切顽瘴痼疾作斗争，进一步解放思想、解放和发展社会生产力、解放和增强社会活力，不断把改革开放推向前进。

（四）保持战略清醒，要坚决同一切分裂祖国、破坏民族团结和社会和谐稳定的行为作斗争

习近平总书记指出："要善斗争、会斗争，提升见微知著的能力，透过现象看本质，准确识变、科学应变、主动求变，洞察先机、趋利避害。""要增强底线思维，定期对风险因素进行全面排查。要善于经一事长一智，由此及彼、举一反三，练就斗争的真本领、真功夫。"① 面对新时代出现的许多重大风险和考验，领导干部必须摒弃做碌碌无为"太平官"的念头。要注重策略方法，讲求斗争艺术，在思想淬炼、政治历练、实践锻炼中不断提高斗争本领。

中国特色社会主义进入新时代，祖国繁荣昌盛、民族团结、社会和谐稳定的整体形势是好的，但也有一些噪音和杂音存在。在祖

---

① 《习近平谈治国理政》第四卷，外文出版社2022年版，第80页。

国统一方面，我国国家安全形势不稳定性不确定性增大，反分裂斗争形势严峻复杂，周边领土主权和海洋权益争端更加凸显，家门口生乱生战的可能性增大，维护国家政治安全和社会稳定任务艰巨繁重。国内边疆地区存在境内外分裂势力加紧向我国境内渗透、相互勾结的复杂形势。"东突"分裂活动严重损害中国核心利益，"藏独"分裂活动对治边稳藏构成严峻挑战，"台独"势力不断加剧台海紧张局势。因此，深入进行反分裂斗争，是新时代开展伟大斗争的重要内容。针对一些分裂势力的新特点和新动向，我们应该提高警惕，借鉴国内外反分裂斗争的经验，在反分裂斗争中始终坚持党的全面领导，增强综合国力，打好反分裂斗争的主动仗。

2023 年 3 月 7 日，在十四届全国人大一次会议记者会上，外交部负责人就"中国外交政策和对外关系"相关问题回答中外记者提问。当谈及台湾问题时，他直接以宪法序言里的几句话引出回应："台湾是中华人民共和国的神圣领土的一部分。完成统一祖国的大业是包括台湾同胞在内的全中国人民的神圣职责。"台湾问题怎么解决是中国人自己的事，任何外国都无权干涉。我们将继续以最大诚意、尽最大努力实现祖国和平统一，同时保留采取一切必要措施的选项。① 在发言桌上拿出"课本"给西方上课的表现，不慌不乱，不卑不亢，有理有据，掷地有声。这种底气和自信，给人以非常沉稳有力量的感觉，彰显了中华民族的大国底蕴。

在民族团结方面，民族仇恨、民族歧视行为偶有发生。当今世

---

① 《秦刚在十四届全国人大一次会议举行的记者会上　就中国外交政策和对外关系回答中外记者提问》，《人民日报》2023 年 3 月 8 日。

界正经历百年未有之大变局，进入新的动荡变革期，影响各民族交往交流交融的因素仍然复杂多样，民族领域意识形态斗争仍然尖锐复杂，国际势力干扰破坏我国民族团结的风险不容小觑。尤其是民族分裂分子在国外反华势力支持下，试图颠覆中国共产党领导，颠覆中国特色社会主义制度。我们必须清醒地认识到，民族团结是我国各族人民的生命线，中华民族共同体意识是民族团结之本。因此，必须坚决维护国家主权、安全、发展利益，教育引导各民族继承和发扬爱国主义传统，自觉维护祖国统一、国家安全、社会稳定。

在社会和谐稳定方面，部分地方黑恶势力扰乱社会治安，电信网络诈骗、非法集资传销等犯罪案件时有发生等。对于这些行为，必须毫不手软坚决予以打击。

（五）保持战略清醒，要坚决同一切政治、经济、文化、社会等领域和自然界的风险作斗争

党的十八大以来，党和国家取得了历史性成就、发生了历史性变革。同时，世界百年未有之大变局加速演变，全球动荡源和风险点增多，外部环境复杂严峻。我国在政治、意识形态、经济、科技、社会、党的建设等领域都面临重大风险挑战，我们的工作也面临不少困难和挑战，主要是：发展不平衡不充分的一些突出问题尚未解决，发展质量和效益还不高，创新能力不够强，实体经济水平有待提高，生态环境保护任重道远；民生领域还有不少短板，巩固拓展脱贫攻坚成果任务艰巨，城乡区域发展和收入分配差距依然较大，群众在就业、教育、医疗、居住、养老等方面面临不少难题；

社会文明水平尚需提高；社会矛盾和问题交织叠加。因而，必须进行防范化解各种风险挑战的斗争。习近平总书记强调："我们前进的道路上有各种各样的'拦路虎'、'绊脚石'"。①"必须以越是艰险越向前的精神奋勇搏击、迎难而上"。② 越是接近民族复兴越不会一帆风顺，越充满风险挑战乃至惊涛骇浪。新征程上，增强忧患意识、防范风险挑战要一以贯之，绝不能犯战略性、颠覆性错误。

二、保持战略自信，增强斗争的底气

历史反复证明，以斗争求安全则安全存，以妥协求安全则安全亡；以斗争谋发展则发展兴，以妥协谋发展则发展衰。我们要增强斗争的骨气、底气，不信邪、不怕鬼，形成攻难关、防风险、迎挑战、抗打压的强大合力，在坚决斗争中赢得战略主动。进入新时代，党和国家面临的形势之复杂、斗争之严峻、改革发展稳定任务之艰巨世所罕见、史所罕见。要敏锐洞悉前进道路上可能出现的机遇和挑战，增强斗争的志气、骨气、底气，不信邪、不怕鬼、不怕压，知难而进、迎难而上，勇于迎击任何狂风暴雨、战胜任何惊涛骇浪，把我国发展进步的命运牢牢掌握在自己手中。

---

① 中共中央文献研究室编：《习近平关于全面从严治党论述摘编》，中央文献出版社 2016 年版，第 19 页。

② 《习近平谈治国理政》第四卷，外文出版社 2022 年版，第 71 页。

（一）保持战略自信，要坚持中国共产党的坚强领导

由中国共产党带领中国人民探索现代化道路，是历史所趋、民心所向。党的十九届六中全会在总结党的百年奋斗重大成就和历史经验中，把"坚持党的领导"作为第一条的宝贵经验，指出："中国共产党是领导我们事业的核心力量。中国人民和中华民族之所以能够扭转近代以后的历史命运、取得今天的伟大成就，最根本的是有中国共产党的坚强领导。"中国式现代化是我们党领导全国各族人民在长期探索和实践中历经千辛万苦、付出巨大代价取得的重大成果。

历史和实践都昭示我们，党的领导直接关系中国式现代化的根本方向、前途命运、最终成败。中国共产党是中国式现代化的领导力量，也是中国式现代化沿着正确方向继往开来、持之以恒、接续推进的关键支撑，更是全面建设社会主义现代化国家、全面推进中华民族伟大复兴的坚强保证。在中国式现代化的新征程上，我们保持战略自信，要深刻领悟"两个确立"的决定性意义，增强"四个意识"、坚定"四个自信"、做到"两个维护"，坚持把党的领导贯彻和体现在各领域各方面，推动中国式现代化迎接光明前景。

（二）保持战略自信，要坚持习近平新时代中国特色社会主义思想的科学指引

党的十八大以来，我们党不断实现理论和实践上的创新突破，成功推进和拓展了中国式现代化。我们在认识上不断深化，创立了

习近平新时代中国特色社会主义思想，实现了马克思主义中国化时代化新的飞跃，为中国式现代化提供了根本遵循。

在习近平新时代中国特色社会主义思想指导下，中国共产党领导全国各族人民，统揽伟大斗争、伟大工程、伟大事业、伟大梦想，进一步深化对中国式现代化的内涵和本质的认识，概括形成中国式现代化的中国特色、本质要求和重大原则，初步构建起中国式现代化的理论体系，使中国式现代化更加清晰、更加科学、更加可感可行。这些都让我们深刻认识到，推进中国式现代化，必须保持战略自信，始终坚持习近平新时代中国特色社会主义思想的科学指引。

（三）保持战略自信，要坚持中国特色社会主义道路

道路问题是关乎党的命脉，关乎国家前途、民族命运、人民幸福的最根本的问题。党的十八大以来，习近平总书记反复强调，"中国特色社会主义是社会主义而不是其他什么主义"。[①]改革开放以来，我们党在探索和实践中找到了、坚持了、拓展了中国特色社会主义道路。我们能够创造出人类历史上前无古人的发展成就，走正确道路是根本原因。

回顾党的历史，我们党坚持把马克思主义普遍真理同中国具体实际相结合，通过总结经验教训，不断深化对国情的认识，继在新民主主义革命时期，成功找到了一条以农村包围城市、武装夺取政权的正确革命道路之后，在社会主义革命和建设时期，成功找到了

---

① 《习近平谈治国理政》第一卷，外文出版社 2018 年版，第 22 页。

一条适合中国特点的社会主义改造道路，进入改革开放历史新时期，又成功开辟出中国特色社会主义道路。我们党始终坚持中国式现代化的社会主义性质，充分发挥社会主义制度集中力量办大事的优势，在统筹兼顾中协调处理现代化建设各方面各领域的关系，对建设社会主义现代化国家在认识上更加深入、战略上更加成熟、实践上更加丰富。中国式现代化是社会主义制度条件下的现代化，社会主义制度决定了中国式现代化的基本性质和发展方向。中国式现代化的"中国式"，是在坚持和发展中国特色社会主义的过程中形成的。

（四）保持战略自信，要坚持以人民为中心

人民是历史的创造者，是决定党和国家前途命运的根本力量。习近平总书记在党的二十大报告中提出前进道路上必须牢牢把握的五个重大原则，其中第三条就是"坚持以人民为中心的发展思想"。这充分体现了党的理想信念、性质宗旨、初心使命，也是对党的奋斗历程和实践经验的深刻总结。

中国式现代化坚持以人民为中心，既强调发展为了人民，也强调发展依靠人民。党的二十大报告指出，中国式现代化是人口规模巨大的现代化。我国 14 亿多人口整体迈进现代化社会，规模超过现有发达国家人口的总和，艰巨性和复杂性前所未有，发展途径和推进方式也必然具有自己的特点。人口规模巨大的现代化，一方面意味着我国实现现代化的难度前所未有；另一方面意味着中国共产党领导的社会主义现代化是全体人民的现代化，即发展成果由全体人民共享，而不是由某部分群体独占。在资本逻辑主导下，西方现代化的基本诉求是尽可能多地榨取并占有剩余价值，把人等同于其他一切物化的生产要素，而非致力于满足人民群众的物质文化生活需要。中国共产党没有自己特殊的利益，在任何时候都把群众利益放在第一位，无论面临多大挑战和压力、付出多大牺牲和代价都始终不渝、毫不动摇。推进中国式现代化，要把党的领导落实到党和国家事业各领域各方面各环节，确保我国社会主义现代化建设正确方向，集中全体人民的智慧力量，充分调动广大人民群众的积极性、主动性和创造性，在团结奋斗中不断夺取全面建设社会主义现代化国家新胜利。

三、保持战略主动，增强斗争本领

当前，世界之变、时代之变、历史之变正以前所未有的方式展开，这是改革开放以来从未遇到过的，给我国的现代化建设提出了一系列新课题新挑战，直接考验我们的斗争勇气、战略能力、应对水平。要加强能力提升，让领导干部特别是年轻干部经受严格的思想淬炼、政治历练、实践锻炼、专业训练，在复杂严峻的斗争中经风雨、见世面、壮筋骨、长才干。注重在严峻复杂斗争中考察识别干部，为敢于善于斗争、敢于担当作为、敢抓善管不怕得罪人的干部撑腰鼓劲，看准的就要大胆使用。要增强斗争本领，科学预见形势发展的未来走势、蕴藏其中的机遇和挑战、有利因素和不利因素，透过现象看本质，抓好战略谋划，牢牢掌握斗争主动权。要有组织、有计划地把干部放到重大斗争一线去真枪真刀磨砺，强弱项、补短板，学到真本领，练就真功夫。

（一）保持战略主动，要发扬斗争精神

人是需要一点精神的。习近平总书记在党的二十大报告中对坚持发扬斗争精神作出深刻阐释：增强全党全国各族人民的志气、骨气、底气，不信邪、不怕鬼、不怕压，知难而进、迎难而上，统筹发展和安全，全力战胜前进道路上各种困难和挑战，依靠顽强斗争打开事业发展新天地。这是在全面建设社会主义现代化国家、全面推进中华民族伟大复兴历史征程中，中国共产党人和中国人民顽强斗争之决心与意志的坚定表达和庄严宣示，是敢于斗争、善于斗争的政治智慧和精神指引，是增强斗争本领、不负使命的时代要求。

党的十九大以来的五年是极不寻常、极不平凡的五年。党中央统筹中华民族伟大复兴战略全局和世界百年未有之大变局，团结带领全党全军全国各族人民有效应对严峻复杂的国际形势和接踵而至的巨大风险挑战，统筹发展和安全，全力战胜前进道路上各种困难和挑战，依靠顽强斗争打开事业发展新天地。比如，面对突如其来的新冠疫情，党中央坚守"人民至上，生命至上"的价值立场，依靠人民进行英勇斗争，凝聚起打赢疫情防控人民战争、总体战、阻击战的磅礴力量；面对"台独"势力分裂活动和外部势力干涉台湾事务的严重挑衅，坚决开展反分裂、反干涉重大斗争，展示了维护国家主权和领土完整、反对"台独"的坚强决心和强大能力，进一步掌握了实现祖国完全统一的战略主动，进一步巩固了国际社会坚持一个中国的格局；面对国际局势急剧变化，特别是面对外部讹诈、遏制、封锁、极限施压，坚持国家利益为重、国内政治优先，保持战略定力，发扬斗争精神，展示不畏强权的坚定意志，在斗争中维护国家尊严和核心利益，牢牢掌握了我国发展和安全主动权。

（二）保持战略主动，要把握斗争方向

习近平总书记强调："共产党人的斗争是有方向、有立场、有原则的，大方向就是坚持中国共产党领导和我国社会主义制度不动摇。"[①] 这一重要论述，科学揭示了事关共产党人斗争成败的根本性问题，深刻阐明了中国共产党人进行伟大斗争的正确方向，为我们进行具有许多新的历史特点的伟大斗争提供了重要遵循。

方向决定成败，把准斗争方向是关乎斗争胜败的首要问题。人类社会是在矛盾运动的复杂斗争中向前发展的，能否在纷繁复杂的斗争迷雾中廓清方向，能否在错综交织的斗争迷阵中掌握主动，从来都是攸关胜败的根本性问题。尤其是对肩负着崇高历史使命的马克思主义政党而言，把准斗争方向，驾驭斗争全局，更是须臾不能含糊游移、不可掉以轻心。马克思主义是致力于全人类彻底解放的思想指南，从它创立的第一天起，就具有革命性、战斗性的鲜明特质。而马克思主义指导下的斗争绝不是漫无目的的乱斗，而是以辩证唯物主义和历史唯物主义为指导的合目的性、合规律性的统一，

---

① 中共中央党史和文献研究院编：《习近平关于防范风险挑战、应对突发事件论述摘编》，中央文献出版社 2020 年版，第 220 页。

是坚定方向性和高超艺术性的统一，其中最根本的是方向性。离开了这一点，就会在斗争中迷失自我、误入歧途。

100多年来，我们党何以能始终站在斗争的最前线，建立彪炳史册的历史功勋？其中一个重要原因，就在于党在各个时期都善于在科学分析矛盾中牢牢把握正确斗争方向，从而确保了斗争的有效性。毛泽东在《矛盾论》中告诫全党："对于矛盾的各种不平衡情况的研究，对于主要的矛盾和非主要的矛盾、主要的矛盾方面和非主要的矛盾方面的研究，成为革命政党正确地决定其政治上和军事上的战略战术方针的重要方法之一，是一切共产党人都应当注意的。"[1] 在中国革命、建设和改革的不同时期，我们党坚持用唯物辩证法来分析并确定不同阶段的斗争任务，从而使得党领导下的一切斗争都成为在正确方向指引下的有效斗争，避免了做虚功、走弯路。

（三）保持战略主动，要坚定斗争意志

习近平总书记强调：历史反复证明，以斗争求安全则安全存，以妥协求安全则安全亡；以斗争谋发展则发展兴，以妥协谋发展则发展衰。[2] 我们要增强斗争的骨气、底气，不信邪、不怕鬼，形成攻难关、防风险、迎挑战、抗打压的强大合力，在坚决斗争中赢得

---

[1] 《毛泽东选集》第一卷，人民出版社1991年版，第326—327页。

[2] 人民日报评论员：《推进中国式现代化必须进行伟大斗争——论深入学习领会习近平总书记在学习贯彻党的二十大精神研讨班开班式上重要讲话》，《人民日报》2023年2月14日。

战略主动。同时，对改革发展稳定、意识形态领域、党风廉政等方面存在的突出矛盾问题，也要敢于斗争、善于斗争，不能有畏难情绪，不能遇到矛盾绕道走，不能搞击鼓传花。

坚定斗争意志，就是要有敢于担当的魄力、攻坚克难的办法。在工作中遇到的斗争是多方面的，改革发展稳定、内政外交国防、治党治国治军以及国家间竞争都需要发扬斗争精神、提高斗争本领。全面从严治党、坚持马克思主义在意识形态领域的指导地位、全面深化改革、推进供给侧结构性改革、推动高质量发展、消除金融领域隐患、保障和改善民生、打赢脱贫攻坚战、治理生态环境、应对重大自然灾害、全面依法治国、处理群体性事件、打击黑恶势力、维护国家安全，等等，都要敢于斗争、善于斗争。这一系列斗争，包含了我们党治国理政的各个方面、各个环节，是在斗争大方向下对斗争内容的具体细化。

坚定斗争意志，必须围绕中心工作，讲究斗争方略。中国共产党在领导社会主义事业中，必须坚持以经济建设为中心，其他各项工作都服从和服务于这个中心。党必须集中精力领导经济建设，组织、协调各方面的力量，同心协力，围绕经济建设开展工作，促进经济社会全面发展。因此，斗争必须围绕解决人民日益增长的美好生活需要与不平衡不充分的发展这一主要矛盾展开，通过高质量发展，增强人民的获得感、幸福感、安全感，满足人民对美好生活的新向往。斗争的方略要遵循有理有利有节，坚持在斗争中争取团结，在斗争中谋求合作，在斗争中争取共赢，画出民族伟大复兴的最大同心圆。

坚定斗争意志，必须要经受严格的思想淬炼、政治历练、实践锻炼。思想淬炼，就是要用马克思主义武装头脑，特别是要认真学习和贯彻落实习近平新时代中国特色社会主义思想，在学懂弄通做实上下功夫。政治历练，就是要坚定正确的政治立场、政治观点、政治方向，在思想上认识上行动上始终与党中央保持高度一致，不断增强"四个意识"、坚定"四个自信"、做到"两个维护"。实践锻炼，就是要迎着困难上，奔着矛盾去，积极投身到社会主义现代化建设的火热实践中，经受严峻形势和复杂情况的考验，始终做到不忘初心、牢记使命，在斗争中练胆魄、磨意志、长才干。

（四）保持战略主动，要掌握斗争规律

既要政治过硬，也要本领高强。善于把握规律，是我们党领导推动工作的制胜法宝，也是我们提高斗争本领的重要途径。这就要求我们在各种重大斗争中，坚持增强忧患意识和保持战略定力相统一、坚持战略判断和战术决断相统一、坚持斗争过程和斗争实效相统一。"善战者，求之于势。"对大局和大势的准确把握，历来是我们赢得斗争的先决条件。对领导干部来说，谋子之前先谋势、着眼全局看局部，同时决断和行动要又快又准，精准把握斗争进程、判断出招时机，找准靶心、一击即中。

规律是存在于事物中最普遍、最稳定的内在本质联系。社会矛盾运动有规律可循，推动社会前进的斗争也有规律可循。从规律的高度看待斗争，就不会陷于盲目斗争；从斗争的高度看待规律，才能更加积极和主动。马克思主义深刻揭示客观世界特别是人类社会发展一般规律，遵循规律实际上就是运用马克思主义世界观方法论去思考解决问题。习近平总书记强调，要"善于从纷繁复杂的矛盾中把握规律"①。"在各种重大斗争中，我们要坚持增强忧患意识和保持战略定力相统一、坚持战略判断和战术决断相统一、坚持斗争过程和斗争实效相统一"②。坚持把握好这"三个相统一"，新征程上我们既不能没有忧患意识，也不能天天忧心忡忡，而要始终保持战略定力，相信社会主义代替资本主义是人类社会发展总趋势，这是谁也无法改变的大方向；既要围绕战略判断作出战术决断，善于从斗争态势全局着眼整体对战术举措敢于拍板，又要根据战术决断适时调整战略判断，善于从局部、具体环节上观照斗争全局、调控斗争方向；既要坚持用实效指导和激励过程，使斗争更加具有针对性目的性，又要在过程中不断检视目标任务的合理性和方法路径的科学性，使斗争增强效果、事半功倍。

（五）保持战略主动，要提升斗争艺术

习近平总书记指出：斗争是一门艺术，要善于斗争。领导干部要守土有责、守土尽责，召之即来、来之能战、战之必胜。要注重策略方法，讲求斗争艺术。要抓主要矛盾、抓矛盾的主要方面，坚持有理有利有节，合理选择斗争方式、把握斗争火候，在原则问题

---

① 中共中央党史和文献研究院编：《习近平关于防范风险挑战、应对突发事件论述摘编》，中央文献出版社 2020 年版，第 217 页。

② 中共中央党史和文献研究院编：《习近平关于防范风险挑战、应对突发事件论述摘编》，中央文献出版社 2020 年版，第 221 页。

上寸步不让，在策略问题上灵活机动。要根据形势需要，把握时、度、效，及时调整斗争策略。要团结一切可以团结的力量，调动一切积极因素，在斗争中争取团结，在斗争中谋求合作，在斗争中争取共赢。

斗争是有章法的，不是逞强好胜、争勇斗狠，而是要掌握其斗争的规律方法，如庖丁解牛般"依乎天理，批大郤，导大窾，因其固然，技经肯綮之未尝"。注重策略方法，抓主要矛盾、抓矛盾的主要方面，找准切入口是斗争的重要方法。斗争要坚持有理有利有节，合理选择斗争方式、把握斗争火候，在原则问题上寸步不让，在策略问题上灵活机动。要根据形势需要，把握时、度、效，及时调整斗争策略。要团结一切可以团结的力量，调动一切积极因素，在斗争中争取团结，在斗争中谋求合作，在斗争中争取共赢。要坚持走群众路线，使人民群众在斗争中辨是非、明方向，不断夯实党执政的阶级基础和群众基础。

斗争精神、斗争本领，不是与生俱来的，不会随着党龄增加、职务升迁自然提高。领导干部要在复杂严峻的斗争中经风雨、见世面、壮筋骨，真正锻造成为烈火真金。要学懂弄通做实党的创新理论，掌握马克思主义立场观点方法，夯实敢于斗争、善于斗争的思想根基，理论上清醒，政治上才能坚定，斗争起来才有底气、才有力量。要坚持在重大斗争中磨砺，越是困难大、矛盾多的地方，越是形势严峻、情况复杂的时候，越能练胆魄、磨意志、长才干。主动投身到各种斗争中去，多经历"风吹浪打"，多捧"烫手山芋"，当几回"热锅上的蚂蚁"，才能不断砥砺斗争精神、切实增强斗争本领。

　　党的十八大以来，党中央以"十年磨一剑"的定力推进全面从严治党，以"得罪千百人、不负十四亿"的使命担当推进史无前例的反腐败斗争，打出一套自我革命的"组合拳"。全面从严治党永远在路上，党的自我革命永远在路上，我们要持之以恒推进党的自我革命，确保党永远不变质、不变色、不变味，使党始终成为中国特色社会主义事业的坚强领导核心。"千磨万击还坚劲，任尔东西南北风。"全面建设社会主义现代化国家寄托着中华民族的夙愿和期盼，凝结着中国人民的奋斗和汗水，是一项伟大而艰巨的事业，前途光明、任重道远。前行路上，我们必须将斗争精神贯穿到底、坚持到底，在敢于斗争、善于斗争中赢得主动、赢得优势、赢得未来，在以中国式现代化全面推进中华民族伟大复兴的新征程中夺取新的更大胜利！

第 九 章

创造了人类文明新形态

　　党的十八大以来，习近平总书记深刻阐述了中国式现代化的一系列重大理论和实践问题，中国式现代化理论体系逐步形成。2023年2月7日，习近平总书记指出："中国式现代化，深深植根于中华优秀传统文化，体现科学社会主义的先进本质，借鉴吸收一切人类优秀文明成果，代表人类文明进步的发展方向，展现了不同于西方现代化模式的新图景，是一种全新的人类文明形态。中国式现代化，打破了'现代化 = 西方化'的迷思，展现了现代化的另一幅图景，拓展了发展中国家走向现代化的路径选择，为人类对更好社会制度的探索提供了中国方案。中国式现代化蕴含的独特世界观、价值观、历史观、文明观、民主观、生态观等及其伟大实践，是对世界现代化理论和实践的重大创新。中国式现代化为广大发展中国家独立自主迈向现代化树立了典范，为其提供了全新选择。"[①] 学习习近平总书记关于中国式现代化创造了人类文明新形态的重要论述，有利于我们全面理解中国式现代化，扎实推进中国式现代化建

---

　　① 《习近平在学习贯彻党的二十大精神研讨班开班式上发表重要讲话强调　正确理解和大力推进中国式现代化》，《人民日报》2023 年 2 月 8 日。

设，在新征程上不断开创党和国家事业发展新局面。

一、展现了不同于西方现代化模式的新图景

多姿多彩的文明扎根于自己生存的土壤，凝聚着不同国家和民族的智慧和精神追求。文明有特色之别，没有优劣之分。然而，工业革命以来，由于世界现代化进程是从西方资本主义国家开始的，"西方优越论""西方中心论"一度喧嚣。西方资本主义现代化多是建立在长期对外殖民掠夺、对内剥削人民的原始积累基础上的。马克思曾说过："资本来到世间，从头到脚，每个毛孔都滴着血和肮脏的东西。"[①] 据统计，自15世纪末开始，西方殖民者在300多年间，仅从中南美洲就抢走了250万公斤黄金、1亿公斤白银。英国的"圈地运动"、美国的"西进运动"以及罪恶的奴隶贸易等，都标注了西方资本主义现代化的"原罪"。

现代化是世界发展的历史潮流，实现现代化是世界各国发展普遍面临的历史任务。1840年鸦片战争以后，中国逐步成为半殖民地半封建社会，国家蒙辱、人民蒙难、文明蒙尘，中华民族遭受了前所未有的劫难。为了挽救民族危亡、赓续中华文明，中国人民和无数仁人志士以各种方式苦苦探寻现代化之路，但都没有成功。经历艰辛探索，中国共产党把马克思主义基本原理同中国具体实际相

---

① 《资本论（节选本）》，人民出版社2018年版，第226页。

结合、同中华优秀传统文化相结合，积极学习借鉴一切人类文明先进成果，带领人民艰苦奋斗，创造了新民主主义革命、社会主义革命和建设、改革开放和社会主义现代化建设、新时代中国特色社会主义的伟大成就。2021 年 7 月，习近平总书记在庆祝中国共产党成立 100 周年大会上指出："我们坚持和发展中国特色社会主义，推动物质文明、政治文明、精神文明、社会文明、生态文明协调发展，创造了中国式现代化新道路，创造了人类文明新形态。"[①] 这是中共主要领导人第一次在如此重要的场合讲人类文明新形态。

在中国共产党的领导下，中国经济社会迅速发展，综合国力迅速增长。2022 年，我国国内生产总值（GDP）达 121 万亿元，这是继 2020 年、2021 年连续突破 100 万亿元、110 万亿元之后，再次跃上新台阶。按年平均汇率折算，我国经济总量达 18 万亿美元，稳居世界第二位。我国人均国内生产总值为 85698 元，按年平均汇率折算达 12741 美元，继续保持在 1.2 万美元以上。[②] 我们创造的物质文明，是坚持以人民为中心、以满足人民群众美好生活需要为导向、以独立自主为重要原则、与精神文明协调发展的物质文明。它避免了一些国家发展中出现的阶层、地区、宗教之间的剧烈冲突，避免了一些发展中国家遇到的"中等收入陷阱"、依附性陷阱。

中国共产党领导人民积极发展全过程人民民主，健全全面、广泛、有机衔接的人民当家作主制度体系，构建多样、畅通、有序

[①] 《习近平谈治国理政》第四卷，外文出版社 2022 年版，第 10 页。

[②] 《中华人民共和国 2022 年国民经济和社会发展统计公报》，《人民日报》2023 年 3 月 1 日。

的民主渠道，丰富民主形式，从各层次各领域扩大人民有序政治参与，使各方面制度和国家治理更好体现人民意志、保障人民权益、激发人民创造。为编制好"十四五"规划，习近平总书记亲自领导和谋划，坚持顶层设计和问计于民相结合，多次赴地方考察调研，主持召开7场专题座谈会，并推动首次以互联网方式征求意见建议，累计收到网民建言超过101.8万条。全国"两会"期间，习近平总书记四到团组，认真听取代表委员各方面意见和建议。最终，吸收各方面意见和建议，规划纲要草案作出55处修改。从酝酿到出台，这一科学决策、民主决策、依法决策的过程，向人们生动诠释了全过程人民民主的要义。我们创造的政治文明，避免了西方金钱政治、党派纷争、议而不决、短期行为等弊端，保证人民依法通过多种途径和形式管理国家事务、管理经济和文化事业、管理社会事务，拥有最广泛最真实的民主权利，人民历史主体地位得到充分尊重和彰显。

中国共产党不断吸收中华优秀传统文化精华，继承发扬革命文化，发展社会主义先进文化，构筑起中国精神、中国价值、中国力量，巩固全党全国各族人民团结奋斗的共同思想基础。在广阔的中华大地上，中国人民自信自立自强，全社会凝聚力和向心力极大提升。在中华民族5000多年的文明历史中，中华民族开创了成康之治、文景之治、贞观之治、开元盛世、康乾盛世等一系列盛世，享有"华夏之族""礼仪之邦"的美誉，在道德教育和道德建设方面更是拥有5000多年的经验、方法、智慧和效果，达到过"囹圄空虚，刑措不用""民不忍欺"的治理境界。将马克思主义基本原理同中华优秀传统文化相结合，能够为新时代实现中华民族伟大复兴的宏伟目标、促进人的全面发展、构建人类命运共同体等提供智慧源泉和文明支撑。在中国共产党的领导下，中华优秀传统文化在新的历史条件下获得传承弘扬和创造性转化、创新性发展。中国共产党坚持以社会主义核心价值观引领文化建设，注重用革命文化、社会主义先进文化、中华优秀传统文化培根铸魂，广泛开展中国特色社会主义宣传教育，形成了具有强大凝聚力和引领力的社会主义意识形态。

中国共产党着眼于国家长治久安、人民安居乐业，建设更高水平的平安中国，完善社会治理体系，健全党组织领导的自治、法治、德治相结合的城乡基层治理体系，推动社会治理重心向基层下移，建设共建共治共享的社会治理制度，建设人人有责、人人尽责、人人享有的社会治理共同体，使社会既充满活力又拥有良好秩序。2022年，全国居民人均可支配收入比2021年实际增长2.9%，与经济增长基本同步。2022年末全国享受城市、农村最低生活保障人数分别为683万人、3349万人，全年临时救助达1083万人次，全国居民人均社会救济和补助收入比2021年增长3.8%。① 以保障和改善民生为重点加强社会建设，在幼有所育、学有所教、劳有所得、病有所医、老有所养、住有所居、弱有所扶上持续用力，使人民获得感、幸福感、安全感更加充实、更有保障、更可持续。

---

① 《中华人民共和国2022年国民经济和社会发展统计公报》，《人民日报》2023年3月1日。

中国共产党领导人民在探索人与自然和谐共生的现代化道路中形成了习近平生态文明思想，丰富发展了马克思主义生态观，继承弘扬了中华优秀传统文化天人合一、道法自然的观念，指导建设人与自然和谐共生的生命共同体。2021年全国地级及以上城市PM2.5平均浓度比2015年下降了34.8%，全国地表水Ⅰ—Ⅲ类断面比例达到了84.9%。土壤污染风险得到有效管控，实施禁止洋垃圾入境，实现了固体废物"零进口"的目标。另外，自然保护地面积占全国陆域国土面积达到18%，300多种珍稀濒危野生动植物野外种群得到了很好恢复。① 党的十八大以来，全国推动绿色发展的自觉性和主动性显著增强，美丽中国建设迈出重大步伐，我国生态环境保护发生历史性、转折性、全局性变化，破解了发展与保护难题，为人类应对气候变化等全球性挑战提供了中国智慧和中国方案。

在新发展阶段，经济、政治、文化、社会、生态是五位一体、协调发展的，我们坚定不移走中国式现代化道路，创造了人类文明新形态。以马克思主义为指导、以人民为中心、以中国特色社会主义制度为保障，展示发展中国家现代化新路径，物质文明、政治文明、精神文明、社会文明、生态文明协调发展的人类文明新形态成为现实。中国式现代化人口规模巨大，惠及人口最多；实现全体人民共同富裕，反对贫富差距、两极分化；追求物质与精神相统一，不仅要实现物质极大丰富，而且要推进人民精神生活共同富裕，增强人民的精神力量；实现人与自然和谐发展，不吃子孙饭，不断子

---

① 《美丽中国建设迈出重大步伐（中国这十年·系列主题新闻发布）》，《人民日报》2022年9月16日。

孙路；走和平发展的道路，反对国强必霸。反观西方现代化是以资本为中心的现代化、两极分化的现代化、物欲主义膨胀的现代化、对外扩张掠夺的现代化，可以说，中国式现代化是对西方现代化道路固有缺陷的纠正与超越。

需要指出的是，西方现代化过程始终无法解决"两极分化"。第二次世界大战后，选择"西方化"作为现代化道路的绝大多数发展中国家，尤其是拉美和一些东南亚国家，人均 GDP 突破 1000 美元的"贫困陷阱"后，很快会奔向 1000 美元至 3000 美元的"起飞阶段"，但到人均 GDP 到达 3000 美元附近时，快速发展中积聚的矛盾也会集中爆发，导致经济增长动力不足，最终出现经济停滞，甚至重新跌落至低收入水平。这一现象被世界银行定义为发展中国家现代化进程中的"中等收入陷阱"。中国人均 GDP 在 2001 年突破 1000 美元的"贫困陷阱"，从人均 1000 美元至 3000 美元的"起飞阶段"仅仅用了 7 年时间。2008 年全球金融危机爆发后，中国经济增长依然表现出色。党的十八大以来，以习近平同志为核心的党中央提出一系列新理念新思想新战略，指引中国经济取得历史性成就、发生历史性变革。新时代十年来，中国经济总量从 54 万亿元量级跃至 121 万亿元；人均 GDP 也超过 1.27 万美元，形成超 4 亿人的世界最大规模中等收入群体；近 1 亿农村贫困人口实现脱贫，历史性解决了困扰中华民族几千年的绝对贫困问题。

回望 180 多年的中国近现代史，现代化进程艰难起步。20 世纪初，孙中山在《建国方略》中满怀希望地设想，修建约 16 万公里的铁路，修建 160 万公里的公路，建设 3 个世界级大港，但当时的中国人多将其视为无法实现的梦想。现如今，我国铁路密布、高铁飞驰、公路成网，世界大港十之有七，已远远超出孙中山先生当初的设想。曾几何时，我们连火柴、肥皂、煤油、水泥、铁钉都需要进口，现如今，我国成为唯一拥有联合国产业分类当中全部工业门类的国家，220 多种工业产品产量居世界首位。旧中国的农业发展水平低下，有 80% 的人口长期处于饥饿半饥饿状态。现在，中国人民彻底告别了缺衣少食、物资匮乏的年代，再无饥馑之年、冻馁之患。

回望 70 多年的新中国历史，现代化进程可谓是筚路蓝缕。新中国成立后，面对"一辆汽车、一架飞机、一辆坦克、一辆拖拉机都不能造"的一穷二白、百业待兴局面，毛泽东提出，我们的任务"就是要安下心来，使我们可以建设我们国家现代化的工业、现代化的农业、现代化的科学文化和现代化的国防"[①]。改革开放后，邓小平提出了"中国式的现代化"概念，并强调："我们要实现的四个现代化，是中国式的四个现代化"，"我们从八十年代的第一年开始，就必须一天也不耽误，专心致志地、聚精会神地搞四个现代化建设"。[②] 几十年过去了，中国的现代化建设拥有了更丰富的内涵。2021 年初，习近平总书记指出："新中国成立不久，我们党就提出建设社会主义现代化国家的目标，未来 30 年将是我们完成这

---

① 《毛泽东文集》第八卷，人民出版社 1999 年版，第 162 页。
② 《邓小平文选》第二卷，人民出版社 1994 年版，第 237、241 页。

个历史宏愿的新发展阶段。"① 可以说，中国式现代化道路，是一代又一代中国共产党人，胸怀实现现代化的历史宏愿，团结带领人民艰辛探索出来的。

中国式现代化是社会主义现代化，是独具特色、有别于资本主义的现代化。中国共产党领导的中国式现代化始终坚持社会主义目标和方向，具有许多重要特征、有着中国特色。中国式现代化克服了资本主义现代化所固有的先天性弊端，展现了人类社会现代化的光明前景。

二、拓展了发展中国家走向现代化的路径选择

条条大路通罗马。世界是多向度发展的，世界历史更不是单线式前进的。各国人民有权利选择自己的发展道路和制度模式，每个国家自主探索符合本国国情的现代化道路的努力都应该受到尊重。世界上既不存在定于一尊的现代化模式，也不存在放之四海而皆准的现代化标准。习近平总书记指出："中国共产党将团结带领中国人民深入推进中国式现代化，为人类对现代化道路的探索作出新贡献。"② 中国式现代化既切合中国实际，体现了社会主义建设规律，

---

① 《习近平在省部级主要领导干部学习贯彻党的十九届五中全会精神专题研讨班开班式上发表重要讲话强调　深入学习坚决贯彻党的十九届五中全会精神　确保全面建设社会主义现代化国家开好局》，《人民日报》2021年1月12日。

② 《习近平外交演讲集》第二卷，中央文献出版社2022年版，第357页。

也体现了人类社会发展规律，展现了人类社会现代化的光明前景，给世界上那些既希望加快发展又希望保持自身独立性的国家和民族提供了全新选择，为人类对更好社会制度的探索提供了中国方案。中国式现代化实践，打破了只有遵循资本主义现代化模式才能实现现代化的神话。中国式现代化的成功昭示世人，现代化道路并没有固定模式，适合自己的才是最好的。

中国是一个有着 14 亿多人口的发展中国家，在如此大规模的国家实现现代化，是一个世界性难题。在几乎所有发展指标上，中国每往前走一步，都需要比其他国家付出更多努力。习近平总书记指出："中国有 960 多万平方公里土地、56 个民族，我们能照谁的模式办？谁又能指手画脚告诉我们该怎么办？"[①] 一个国土面积广袤、人口规模巨大、地区差异悬殊的发展中大国实现现代化，在人类历史上没有先例可循，中国必须走一条属于自己的道路。

回看走过的路。梁启超发表《新中国未来记》，他在书中渴望自己的祖国"睡狮破浓梦，病国起沉疴"。然而，在半殖民地半封建社会的条件下，实现这样的目标，谈何容易？中国向何处去？从四分五裂、一盘散沙到高度统一、民族团结，从积贫积弱、一穷二白到全面小康、繁荣富强，从被动挨打、饱受欺凌到独立自主、坚定自信，实践证明，中国开创的社会主义现代化道路，是创造人民美好生活、实现中华民族伟大复兴的康庄大道。习近平总书记指出："我们党领导人民不仅创造了世所罕见的经济快速发展和社会

---

① 《习近平谈治国理政》第二卷，外文出版社 2017 年版，第 286 页。

长期稳定两大奇迹，而且成功走出了中国式现代化道路，创造了人类文明新形态。"①

回首波澜壮阔的奋斗征程，中国发展取得巨大成功，根本原因就是找到了中国特色社会主义这条正确发展道路并且沿着这条道路坚定不移地走下去。我国作为一个人口众多和超大市场规模的社会主义国家，在迈向现代化的历史进程中，必然要承受其他国家都不曾遇到的各种压力和严峻挑战。当前世界百年未有之大变局加速演进，中华民族伟大复兴进入关键时期。越是面对困难挑战，越要坚定信心，毫不动摇坚持和发展中国特色社会主义，坚定不移走自己的路。有了"自信人生二百年，会当水击三千里"的勇气，我们就能毫无畏惧面对一切困难和挑战，就能坚定不移开辟新天地、创造新奇迹。

比较别人的路，"现代化"从 18 世纪中叶出现以来，已经有200 多年，迄今让 30 多个国家步入发达国家的行列，成为不同民族、不同地区、不同国家走向文明的必由之路。而当西方国家率先登上现代化列车，当西方列强用坚船利炮打开其他国家的大门，所谓"现代化就是西方化"的迷思，就开始笼罩在每个国家上空。然而历史证明，没有一个民族、一个国家可以通过依赖外部力量、照搬别国模式、跟在他人身后亦步亦趋实现强大和振兴。那样做的结果，不是必然遭遇失败，就是必然成为他人的附庸。中国开创的社会主义现代化道路，让科学社会主义在中国焕发勃勃生机，在终结

---

① 习近平：《以史为鉴、开创未来　埋头苦干、勇毅前行》，《求是》2022 年第1 期。

了"历史终结论"的同时，展现了实现现代化的全新可能，使更多的人认识到中国式现代化道路的特色既包含现代化道路的一般知识，同时对其自身现代化道路探索也能提供参考和借鉴。

在世界历史的坐标上，中国式现代化是后发国家的现代化。回望历史，西方发达国家现代化是一个"串联式"的发展过程，工业化、城镇化、农业现代化、信息化顺序发展，发展到目前水平用了200多年时间。相比较而言，中国发展历程是一个"并联式"的过程和状态，工业化、信息化、城镇化、农业现代化是叠加发展的。从"现代化的迟到国"成为"世界现代化的增长极"，中国仅用了几十年的时间，在发展的很多方面走过了西方发达国家上百年甚至数百年的发展历程。中国式现代化，开辟了后发展国家走向现代化的崭新道路，让想要发展的国家看到走符合自身国情的发展道路是可行的。

远眺前行的路，中国开创的社会主义现代化道路，不仅拓展了发展中国家走向现代化的途径，还摒弃了西方以资本为中心、两极分化、物质主义膨胀、对外扩张掠夺的现代化老路，重塑了人类文明发展的格局与趋势。这是走和平发展、合作共赢新路，超越扩张掠夺、"国强必霸"旧逻辑的文明新形态。这是为应对人类共同挑战开展创新实践、积累新鲜经验、贡献中国方案的文明新形态。中国式现代化不是西方现代化的"翻版"，长期以来的艰辛发展历程特别是新时代的开创性探索、超越性实践，为破解人类共同面临的历史性、世界性难题提供了极为宝贵的经验。

"修昔底德陷阱"似乎被大国崛起的历史经验所证实。"修昔底德陷阱"是由美国哈佛大学教授格雷厄姆·艾利森依据古希腊历史学家修昔底德有关伯罗奔尼撒战争评论而得出的结论，即一个新崛起的大国必然要挑战现存大国，而现存大国也必然来回应这种威胁，这样战争变得不可避免。自1500年以来，新崛起的大国挑战现存大国的案例一共有15例，其中发生战争的就有11例。实际上，大航海后每一个崛起的西方大国，如西班牙、葡萄牙、英国、法国、俄国、德国、日本、美国等国家，其现代化的过程都是伴随着全球殖民扩张引发战争的过程。我国不走一些国家通过战争、殖民、掠夺等方式实现现代化的老路，那种损人利己、充满血腥罪恶的老路给广大发展中国家人民带来深重苦难。当今世界没有一场战争是中国发动和挑起的，中国的发展带给地区和世界的恰恰是和平、机遇和经济繁荣。

与通过对外扩张掠夺完成原始积累、长期沿袭"弱肉强食""丛林法则"定式的西方现代化老路不同，中国的现代化，从不输出殖民、战争和冲突，完全以和平、合作与共赢方式推进。我们推进的现代化，坚持把国家和民族发展放在自己力量的基点上、把中国发展进步的命运牢牢掌握在自己手中。新时代中国坚守国际公平正义，坚持共商共建共享，坚持为广大发展中国家仗义执言，让世界看到中国式现代化的价值取向。作为走和平发展道路的现代化，习近平总书记提出："推动构建人类命运共同体，不是以一种制度代替另一种制度，不是以一种文明代替另一种文明，而是不同社会制度、不同意识形态、不同历史文化、不同发展水平的国家在国际事务中利益共生、权利共享、责任共担，形成共建美好世界的最大公约数。"① 法国巴黎第八大学教授皮埃尔·皮卡尔认为，构建人类命运共同体理念是"人类历史上最重要的哲学思想之一"；英国学者马丁·雅克说，中国提供了一种"新的可能"，开辟了一条合作共赢、共建共享的文明发展新道路，"这是前无古人的伟大创举，也是改变世界的伟大创造"；第七十一届联合国大会主席彼得·汤姆森指出，构建人类命运共同体，是"人类在这个星球上的唯一未来"。② 这充分表明：一个国家走的道路行不行，关键要看是否符合本国国情，是否顺应时代发展潮流，能否带来经济发展、社会进步、民生改善、社会稳定，能否得到人民支持和拥护，能否为人类进步事业作出贡献。

治理一个国家，推动一个国家实现现代化，并不只有西方制度模式这一条道，各国完全可以走出自己的道路来。正如习近平总书记所说："我们能够创造出人类历史上前无古人的发展成就，走出了正确道路是根本原因。"③ 这是深刻的历史启示，也是宝贵的成功经验。中国特色社会主义是从改革开放40多年的伟大实践中走出来的，是在中华人民共和国成立70多年的持续探索中走出来的，是在对近代以来180多年中华民族发展历程的深刻总结中走出来的，是在对中华民族5000多年悠久文明的传承中走出来的，具有深厚的历史渊源和广泛的现实基础。中国特色社会主义道路之所

---

① 《习近平外交演讲集》第二卷，中央文献出版社2022年版，第396页。

② 《激荡五洲四海的时代强音——习近平新时代中国特色社会主义思想的世界性贡献述评》，《人民日报》2022年2月7日。

③ 《习近平在中共中央政治局第七次集体学习时强调　在对历史的深入思考中更好走向未来　交出发展中国特色社会主义合格答卷》，《人民日报》2013年6月27日。

以是一条走得对、走得通的强国之路，就在于这条道路适合中国国情、符合中国特点、顺应时代发展要求。中国特色社会主义，既是我们必须不断推进的伟大事业，又是我们开辟未来的根本保证。

　　人类在追求文明进步的长期探索中，形成了诸多共同价值。习近平总书记指出："我们应该大力弘扬和平、发展、公平、正义、民主、自由的全人类共同价值，共同为建设一个更加美好的世界提供正确理念指引。"① 中国共产党领导人民创造的人类文明新形态，打破了文明形态的"西方中心论"，为实现人类千百年来共同追求的价值提供了新的路径、智慧和启迪。作为科学社会主义的最新成果，中国式现代化是强国建设、民族复兴的唯一正确道路，在国际社会上也引起广泛关注。塞尔维亚总统武契奇说："中国模式不仅是西方以外的另一种选择，而且逐步成为更为理想的发展模式。"俄罗斯联邦共产党中央委员会主席久加诺夫认为："中国式现代化的成功经验将为更多国家和人民开辟通往美好未来的道路。"希腊前总统帕夫洛普洛斯表示："无论是中国的历史文化传统，还是中国日益开放、进步、发展的事实，都有力回击了'文明冲突论'和'国强必霸论'。"② 当代中国向世界证明，在追求人类共同价值方面，中华民族不仅具有独特优势，而且可以做得更好。中国式现代化的成功实践昭示世人，通向现代化的道路不止一条，只要找准正

---

　　① 《习近平外交演讲集》第二卷，中央文献出版社 2022 年版，第 395 页。
　　② 《"强国建设、民族复兴的唯一正确道路"——记以习近平同志为核心的党中央擘画以中国式现代化全面推进中华民族伟大复兴的宏伟蓝图》，《人民日报》2023 年 2 月 10 日。

确方向、驰而不息，走好自己的路，就一定能够实现现代化。

三、对世界现代化理论和实践的重大创新

马克思在对人类社会基本矛盾运动科学分析的基础上，对未来人类文明发展方向作出科学分析，提出最终建立一个没有压迫、没有剥削、人人平等、人人自由的理想社会，鼓舞和激励着世界上追求美好未来的人们。无论世界社会主义处于高潮还是低谷，无论党的事业处于顺境还是逆境，中国共产党始终坚守为中国人民谋幸福、为中华民族谋复兴的初心使命，向着这个目标前进，赢得了人民衷心拥护和坚定支持。党的十八大以来，以习近平同志为核心的党中央创立了习近平新时代中国特色社会主义思想，实现了马克思主义中国化时代化新的飞跃。习近平总书记指出："马克思主义传入中国后，科学社会主义的主张受到中国人民热烈欢迎，并最终扎根中国大地、开花结果，决不是偶然的，而是同我国传承了几千年的优秀历史文化和广大人民日用而不觉的价值观念融通的。"① 中国共产党将马克思主义基本原理同中国具体实际相结合、同中华优秀传统文化相结合，并在实践中探索形成了人类文明新形态。这一人类文明新形态，意味着中国共产党人不仅善于破坏一个旧世界，而且善于建设一个新世界，使马克思主义的科学性和真理性、人民性

---

① 习近平：《坚持和完善中国特色社会主义制度推进国家治理体系和治理能力现代化》，《求是》2020 年第 1 期。

和实践性、开放性和时代性进一步彰显，开辟了科学社会主义新境界。

当今世界，虽然许多国家都在努力建设现代化，但真正全面建成现代化的国家并不多。一些发展中国家不顾自身发展的国情和历史方位，全盘照搬西方模式，导致发展过程极为困难复杂。我国的现代化建设之所以能够取得今天这样的好局面，根本在于我们的现代化是中国共产党领导的社会主义现代化，既有各国现代化的共同特征，更有基于自己国情的中国特色。中国式现代化也蕴含着其独特的重大原则：坚持和加强党的全面领导；坚持中国特色社会主义道路；坚持以人民为中心的发展思想；坚持深化改革开放；坚持发扬斗争精神。中国式现代化之所以取得成功，就是因为它切合中国实际、反映中国人民意愿、适应时代发展要求，是中国共产党扎根中国大地、独立自主探索出来的现代化道路。

中国式现代化实践，生动展现了"马克思主义基本原理同中国具体实际相结合、同中华优秀传统文化相结合"这一历史进程。只有植根本国、本民族历史文化沃土，马克思主义真理之树才能根深叶茂。"中国式现代化"之所以被冠以"中国"二字，在于其为中华文明所滋养，与中国实际相符合，最终为中国人民所选择。从中华优秀传统文化的浩繁卷帙中，人们能够更透彻地理解中国式现代化的特征：从"民惟邦本，本固邦宁"，看懂"人口规模巨大"不仅是国情使然，也是文化基底；从"以天下之财利天下之人"，看懂"全体人民共同富裕"不仅是中国特色社会主义的本质要求，也是千百年来的治世良言；从"仓廪实而知礼节，衣食足而知荣辱"，看懂"物质文明和精神文明相协调"不仅是当代社会的孜孜以求，也是历史传承的淳朴愿景；从"天地与我并生，而万物与我为一"，看懂"人与自然和谐共生"不仅是高质量发展的时代要求，也是道法自然的人文情怀；从"协和万邦"，看懂"走和平发展道路"既是构建人类命运共同体的题中之义，也是民族秉性里的文以载道。吸吮着5000多年中华民族漫长奋斗积累的文化养分，我们走自己的路，具有无比广阔的时代舞台，具有无比深厚的历史底蕴，具有无比强大的前进动力。

中国式现代化理论，注重把弘扬中华优秀传统文化同坚持马克思主义立场观点方法结合起来，推动中华优秀传统文化创造性转化、创新性发展。中国共产党带领人民创造的人类文明新形态，坚持发展为了人民、发展依靠人民、发展成果由人民共享，明确了人民群众是历史发展和社会进步的主体力量，超越了西方统治阶级和人民群众的割裂对立，为解决人类发展问题提供了新的智慧；坚持马克思主义的世界观和方法论，倡导人民树立强大的历史主动精神，掌握规律，认识世界、改造世界，为人类应对前进道路上的各种风险挑战提供新的启迪；强调在高质量发展中促进共同富裕，为促进社会公正和人的全面发展提供新的智慧；强调人与自然和谐共生，揭示了人类和自然界休戚与共的生命共同体关系，为人类应对生态环境的全球性挑战提供新的智慧；坚持和发展马克思主义世界历史理论，继承弘扬中华民族兼济天下、协和万邦、和而不同的优秀传统文化，为解决当前世界治理赤字、信任赤字、发展赤字提供新的智慧。包含上述元素并在中国特色社会主义伟大实践中形成的当代中华文明，不仅奠定了中华民族伟大复兴的基础，而且赋予人类文明新的价值内涵。

中国式现代化理论日趋成熟定型。党的二十大报告全面阐释了中国式现代化五个中国特色、九个本质要求、五个重大原则，深刻回答了中国式现代化"是什么""干什么""怎样干"等重大理论和实践问题，是对现代化实践的全面总结，是对现代化理论的系统归纳，是对世界现代化理论的重大创新和丰富发展。细读习近平总书记在学习贯彻党的二十大精神研讨班开班式上的重要讲话，五个中国特色分别被诠释为中国式现代化的"显著特征""本质特征""崇高追求""鲜明特点""突出特征"，这是观察和思考中国式现代化的切入点、着力点。党的十八大以来，党不断实现理论和实践上的创新突破。从内政外交国防到治党治国治军，一系列战略性举措、一系列变革性实践、一系列突破性进展、一系列标志性成果，为中国式现代化的推进和拓展不断添砖加瓦。面对纷繁复杂的国际国内环境，中国式现代化理论之所以能够不断丰富发展，中国式现代化实践之所以能够不断突破，正得益于从"落后时代"到"赶上时代"再到"引领时代"的方位变换，正是得益于中国共产党团结带领亿万人民一起拼搏、一起奋斗。

西方学者从自身的逻辑和经验出发，除了质疑中国能否和平崛起以外，还担忧崛起后的中国能否承担大国责任，能否跳出所谓的"金德尔伯格陷阱"。"金德尔伯格陷阱"是哈佛大学研究国际战略的著名教授约瑟夫·奈根据另一位哈佛大学经济史学家金德尔伯格在其著作《1929—1939年世界经济萧条》中的观点而构造出来的一个概念，其基本思想就是在全球权力转移过程中，如果新兴大国不愿意承担领导责任，则会导致全球公共品短缺，进而造成全球经济混乱和安全失序。中国式的现代化进程以事实向世界证明，中国作为负责任大国，绝不回避自己的大国责任。近年来全球化遭遇逆流，主要世界大国基于狭隘的国家利益和地缘政治的考量，不负责任地退出重要国际协议，导致全球治理遭遇碎片化风险。而中国坚定站在历史正确的一边、站在人类文明进步的一边，高举和平、发展、合作、共赢旗帜，在坚定维护世界和平与发展中谋求自身发展，又以自身发展更好维护世界和平与发展。当然，我们对于国际社会上各种关于所谓"陷阱"的理论也要理性分析，不要盲目认同。

中国式现代化理论是基于中国国情的重大理论创新，既体现了我国现代化发展方向，也代表人类文明进步的发展方向。党的二十大报告对中国式现代化的本质要求作出了科学概括："坚持中国共产党领导，坚持中国特色社会主义，实现高质量发展，发展全过程人民民主，丰富人民精神世界，实现全体人民共同富裕，促进人与自然和谐共生，推动构建人类命运共同体，创造人类文明新形态。"[①] 这一概括对推进社会主义现代化建设提出具体要求，是中国共产党对我国和世界现代化发展历史经验的深刻总结，是对我国这样一个东方大国如何加快实现现代化在认识上不断深入、战略上不断成熟、实践上不断丰富而形成的思想理论结晶，进一步丰富和发展了现代化理论。

---

① 《习近平著作选读》第一卷，人民出版社 2023 年版，第 20 页。

中国式现代化是超大规模的现代化，将深刻改变世界面貌，为整个人类社会发展作出前所未有的贡献。迄今为止，全球实现现代化的国家和地区人口约为 10 亿。美国是当今世界最大的发达国家，也不过 3 亿多人。在有着 14 亿多人口这样超大规模的中国实现现代化，是一个世界性和世纪性的难题。中国实现现代化，将创造人类历史的奇迹，是世界现代化历程中的重大事件。习近平总书记指出："中国实现现代化，是人类历史上前所未有的大变革。中国实现了现代化，意味着比现在所有发达国家人口总和还要多的中国人民将进入现代化行列。"① 无论从哪一个角度看，中国式现代化在中华民族发展史上、世界社会主义发展史上、人类社会发展史上都具有里程碑意义。

展望未来，一个富强民主文明和谐美丽的社会主义现代化强国必将屹立在世界东方，这场人类历史上前所未有大变革的世界意义将更加充分彰显出来，必将深刻影响人类历史的进程，为人类文明发展进步作出新的更大贡献。

---

① 习近平：《为建设世界科技强国而奋斗——在全国科技创新大会、两院院士大会、中国科协第九次全国代表大会上的讲话》，人民出版社 2016 年版，第 19 页。

后　记

　　中国式现代化是一个长期的历史进程，也是一项宏大的历史伟业。作为哲学社会科学工作者理应在这个进程中，为推进伟大事业作出自己的贡献。人民出版社编审吴继平兄来电，邀约围绕"中国式现代化"写一本书。考虑到自己在中央党校中共党史教研部工作时，曾讲授"中国共产党与中国现代化"专题课程，尤其是党的十九届五中全会以来党中央高度重视现代化理论建构和实践推进，中国式现代化理论体系日益成熟和定型，很有梳理解读之必要，就爽快答应了。

　　我作为主编，负责撰写全书提纲和前言后记并统改全部书稿。副主编郑东升教授负责全书部分内容的审读，并负责撰写第二章。中央和国家机关工委研究室张晓明博士负责撰写第一章，贵州省委党校李秀军副教授负责撰写第三章，贵州省委党校王芳教授负责撰写第四章，贵州省委党校李龙鑫副教授负责撰写第五章，团中央中国青少年研究中心马金祥博士负责撰写第六章，中央党史和文献研究院肖鹏副研究员负责撰写第七章，贵州省委党校吕红云副教授负责撰写第八章，中央党史和文献研究院邢浩副研究员负责撰写第九章。需要交代的是，鉴于中国式现代化理论还处在不断丰富发展中，理论体系还在变动建构中，因此少数各章内容比如党的领导、伟大斗争等还存在少量交叉，这都是要随着理论的逐渐成熟定型不断予以优化和处理的。

感谢人民出版社领导、编辑的高度重视和极富效率的工作。没有他们的辛勤付出和负责态度，本书也不可能与读者见面。书中引用了学界同仁的研究成果，并一一注明。真诚欢迎广大读者提出意见。

沈传亮

2023 年 4 月 22 日

责任编辑：吴继平　刘　畅

装帧设计：汪　莹

责任校对：吕　飞

图书在版编目（CIP）数据

中国式现代化／沈传亮 主编 .—北京：人民出版社，2023.5（2024.4 重印）

ISBN 978－7－01－025600－9

I. ①中⋯　II. ①沈⋯　III. ①现代化建设－研究－中国　IV. ① D61

中国国家版本馆 CIP 数据核字（2023）第 062565 号

中国式现代化

ZHONGGUOSHI XIANDAIHUA

沈传亮　主编

人民出版社 出版发行

（100706　北京市东城区隆福寺街 99 号）

环球东方（北京）印务有限公司印刷　新华书店经销

2023 年 5 月第 1 版　2024 年 4 月北京第 2 次印刷

开本：710 毫米 ×1000 毫米 1/16　印张：13

字数：148 千字　印数：6,001－9,000 册

ISBN 978－7－01－025600－9　定价：56.00 元

邮购地址 100706　北京市东城区隆福寺街 99 号

人民东方图书销售中心　电话（010）65250042　65289539